AMAZAMPO,

OU

LA DÉCOUVERTE DU QUINQUINA,

Drame en quatre actes et sept tableaux.

PAR MM. LEMOINE-MONTIGNY ET H. MEYER.

Représenté pour la première fois sur le théâtre de l'Ambigu-Comique,
le mardi 21 juin 1836.

PRIX : 40 CENT.

A PARIS,

CHEZ LES MARCHANDS DE NOUVEAUTÉS.

—

1836.

AMAZAMPO,

OU

LA DÉCOUVERTE DU QUINQUINA,

DRAME EN QUATRE ACTES ET SEPT TABLEAUX,

Par MM. Lemoine-Montigny et H. Meyer.

Représenté pour la première fois à Paris, sur le théâtre de l'Ambigu-Comique, le mardi 21 juin 1836.

PERSONNAGES	ACTEURS.	PERSONNAGES.	ACTEURS.
D. GOMÈS, vice-roi du Pérou.	MM. Montigny.	UN HUISSIER du Tribunal.	Coste.
D. FERNAND, son fils.	Albert.	LE GREFFIER.	id.
ALVARADO, capitaine-général.	St-Firmin.	Un PORTE-CLEFS.	Chauvin.
AMAZAMPO, chef des guerriers de la tribu de Riobamba.	Guyon.	D. THÉODORA, vice-reine.	Mmes Mailhot.
		MAIDA, fille d'Ataliba.	Doligny.
OUTOUGAMIZ, dernier rejeton des Incas, vieillard centenaire.	St-Ernest	JACINTHA, suivante de la v.-reine.	Augustine.
		THAMIR, jeune Péruvien.	Maria.
ATALIBA, chef de tribus sauvages.	Léopold.	*Personnages muets :*	
ZORÈS, son fils, id.	Fossé.		
OSSANI, id.	Barrier.	Dorothée, dame suivante.	
SAIBAR, id.	Couleau.	D. Lopez, officier.	
ADARIO, id.	Vanlay.	Américains et Américaines de la forêt.	
LEPORELLO, valet de chambre de Fernand.	Salvador.	Américaines esclaves.	
POLYNANDRÈS, médecin du vice-roi.	Monnet.	Peuple espagnol.	
UN OFFICIER.	Charles.	Pénitents.	
		Soldats.	

La scène est au Pérou, tantôt à Lima, tantôt aux environs, en 1636, sous le règne de Philippe IV, roi d'Espagne.

ACTE I.

L'intérieur d'une vaste caverne. À droite et à gauche plusieurs voûtes profondes. Au fond, à droite de l'acteur, la voûte d'entrée qui se perd dans la coulisse à droite, sans laisser voir la lumière. Le fond de la caverne est percé à jour par une grande ouverture occupant la moitié du théâtre dans sa largeur de gauche à droite. Cette ouverture naturelle donne sur un abîme sans fond qui doit paraître large de quinze ou vingt pieds environ. Au-delà du torrent, la lisière d'une forêt d'Amérique. Au fond, une montagne.

SCÈNE I.

ADARIO, OSSANI, SAIBAR, AMAZAMPO, Américains.

Le lever du rideau, présente le tableau d'une halte de sauvages Américains. Ils sont groupés çà et là sur les rochers de la caverne, ou étendus par terre. Ils sont armés de haches, de sabres, de massues et de grands arcs. Amazampo, assis, seul, à l'écart, au bord du torrent, paraît plongé dans une sombre rêverie. Les Américains le

Nota. Les personnages sont inscrits en tête des scènes comme ils doivent être placés au théâtre ; le premier tient toujours la gauche du spectateur.

regardent de temps à autre avec respect, et s'entretiennent à voix basse. Adario veille debout à la voûte d'entrée.

OSSANI, *à l'Américain qui veille*. Eh bien, frère ?

ADARIO. Rien encore.

OSSANI. Zorès tarde bien. Nous devions être en chasse avant le jour ; qui peut le retenir ?

SAIBAR. Il a rencontré peut-être un parti d'Espagnols... et pour donner la chasse à ce gibier-là, il est homme à oublier tous les tigres de nos forêts.

OSSANI. Mieux vaut un Espagnol de moins, et dix tigres de plus. N'est-ce pas votre avis à tous, frères ?..

CRI GÉNÉRAL. A tous !..

OSSANI. Nos ennemis le savent. Ils savent que, dans nos retraites sauvages, ce qu'ils trouveraient c'est la mort. Ils ont pu vaincre ceux de nos frères qui s'étaient laissé énerver par le séjour des villes . mais nous, fiers enfans de la tribu de Riobamba, nous qui ne demandons au ciel qu'un seul bien, la liberté dans nos forêts, nous disons : malheur à qui voudrait nous l'arracher !.. En dépit de leurs cavaliers rapides comme le vent, de leurs lourds bataillons qui marchent et se battent comme un seul homme, de leurs tubes de fer qui vomissent du feu, nous sommes invincibles, nous, car nous avons pour nous les dieux, nos rochers... et le bras d'Amazampo !..

AMAZAMPO, *relevant la tête*. Qui parle d'Amazampo ?

SAIBAR. Ses frères, qui attendent de lui le signal du départ ; Zorès ne paraît pas, et l'heure s'écoule...

AMAZAMPO, *sans bouger*. Partez sans moi.

OSSANI. Partir sans Amazampo... sans notre chef !..

AMAZAMPO, *de même*. Si je suis votre chef, obéissez.. partez sans moi.

OSSANI. Obéissons. * (*Tous les Indiens s'inclinent.*) Encore ses sombres pensées !.. quel noir chagrin le dévore ?.. Oh ! non, ce n'est plus là le grand chef, toujours prêt à la fatigue, toujours debout pour le combat !.. un esprit malfaisant s'est emparé de cette ame autrefois active et forte, il l'a brisée !.. n'importe... il a dit partez !.. obéissons.

Mouvemens de tous pour sortir.

ADARIO. *qui veille*. Zorès !..

* Adario, Saïbar, Ossani, Amazampo.

SCENE II.
Les Mêmes,* ZORÈS.

ZORÈS, *aux Américains*. Encore ici !..

OSSANI. C'est ici le rendez-vous ; nous t'attendions.

ZORÈS. Ma chasse est faite à moi. Au pied de la roche bleue, vous trouverez un soldat espagnol, avec une flèche dans le cœur ; c'est là ma proie, là mon rendez-vous. Et Amazampo ?..

OSSANI, *le lui montrant*. Regarde, il est là...

ZORÈS. Depuis long-temps ?..

OSSANI. Avant tous.

ZORÈS. Ses ordres ?..

OSSANI. Un... seul que l'on parte sans lui.

ZORÈS. Et vous êtes ici ?..

Les Américains s'inclinent de nouveau et s'éloignent.

SCENE III.
ZORÈS, AMAZAMPO.

ZORÈS, *le regardant, à part*. Encore ce front soucieux et abattu... lui qui jadis... d'où vient ce changement ?.. (*Il s'approche, et lui dit :*) Frère...

AMAZAMPO, *durement*. Qu'est-ce encore ?.. (*Il le regarde.*) Ah ! c'est toi, Zorès.

ZORÈS. Tu me regardes, et tu reconnais Zorès ; en te regardant, moi, je ne reconnais pas Amazampo.

AMAZAMPO, *lui tendant la main*. Ami, un peu de pitié.

ZORÈS. Tu souffres ?..

AMAZAMPO. Oh ! cruellement !..

ZORÈS. Serait-ce la fièvre de nos pays... cette fièvre ardente qui brûle et tue ?..

AMAZAMPO, *montrant son cœur*. Non... tout mon mal est là... un mal brûlant comme la fièvre... mais un mal qui ne tue pas... et pourtant je suis las de vivre !..

ZORÈS. Tu es las de vivre !.. et tu as ton pays à délivrer, nos oppresseurs à punir, et nos dieux à venger !.. las de vivre !.. et sur le sol du Pérou il y a encore des Espagnols vivants !.. Est-ce bien toi qui me parles, Amazampo ?.. toi le plus grand, le plus fort, toi notre chef à tous !.. toi le bouclier de la tribu... toi qui seul nous vaux une armée !.. mais toi mort, malheureux, que deviennent tes compagnons ?.. tu les abandonnes au fer de l'Espagnol !.. tu veux me quitter, moi qui suis ton ami d'enfance, moi qui serai bientôt ton frère ?.. Et ma sœur... celle que dans quelques jours tu nommeras ta

* Adario, Saïbar, Zorès, Ossani, Amazampo.

femme... Maïda, ta Maïda... tu veux l'abandonner aussi!..

AMAZAMPO, *éclatant en sanglots.* Elle ne m'aime pas, Zorès... elle ne m'aime pas!..

ZORÈS. Que dis-tu?.. Maïda ne pas t'aimer!.. mais elle t'aime à me rendre jaloux, moi, son frère... si je pouvais être jaloux de toi.

AMAZAMPO, *amèrement.* Oui, je suis un frère pour elle!..

ZORÈS. Un frère, un époux, un maître... ce qu'elle devra le plus aimer et respecter au monde, après Ataliba, son père... avant son frère Zorès.

AMAZAMPO. Oh! si tu disais vrai!..

ZORÈS. Et sur quel autre plus digne pourrait tomber son amour? seule d'entre nos vierges, elle ne serait pas fière d'un regard d'Amazampo! si je le croyais!.. allons, frère, allons... plus de ces craintes puériles!.. crois-moi... Maïda connait la volonté de mon père... la mienne.. son devoir est de t'aimer...

AMAZAMPO, *avec impatience.* Ta volonté... son devoir... Zorès, tu ne me comprends pas... tu ne peux pas me comprendre.

ZORÈS. A la bonne heure... mais il est facile de me comprendre moi: Maïda t'aimera, Maïda sera ta femme... ou je la renie pour ma sœur!..

AMAZAMPO.* C'est elle!.. assez, Zorès...

ZORÈS. Dis encore qu'elle ne t'aime pas... en quelque lieu que tu sois, on est sûr de l'y rencontrer.

AMAZAMPO, *avec force.* Silence!.. je le veux.

SCÈNE IV.

Les Mêmes, MAIDA.**

Elle entre vivement, tout en observant si on la suit du dehors; à la vue de Zorès et d'Amazampo, elle s'arrête brusquement.

MAIDA, *à part.* Mon frère!.. Amazampo!..

ZORÈS. Pourquoi cette surprise?.. c'est Amazampo que tu cherchais, le voilà.

MAIDA. Frère, je croyais que la chasse...

ZORÈS. M'aurait retenu plus long-temps? s'il le faut, je repars.

MAIDA. Non, frère. (*A part.*) Ils ne savent rien.

ZORÈS, *bas à Amazampo.* Que t'ai-je dit? je suis de trop ici.

AMAZAMPO, *de même.* Reste **.

* Amazampo, Zorès.
** Maïda, Zorès, Amazampo.
*** Maïda, Amazampo, Zorès.

MAIDA. Amazampo ne dit rien à Maïda? Il ne lui offre pas le baiser du matin? (*Elle s'approche de lui.*) Tes lèvres à mon front, ô toi le plus noble, le plus généreux, comme le plus redoutable de nos guerriers! le baiser de mon père, c'est ma bénédiction de chaque jour; ma joie de chaque jour, c'est, avec le baiser de mon frère Zorès, celui d'Amazampo, de mon second frère.

AMAZAMPO, *avec effort.* Merci... ma sœur.

Il la baise au front.

MAIDA. Qu'as-tu donc? tes lèvres sont glacées.

AMAZAMPO, *immobile.* Rien.

MAIDA. Est-ce donc vrai ce que disent les anciens de la tribu? devons-nous craindre en effet de voir reparaître parmi nous ce mal affreux qui, dans nos climats, a fait souvent tant de victimes? on dit qu'il s'annonce par un abattement profond, par un froid mortel... ô Zorès, si Amazampo en était menacé... si la mort... oh! mais non, les soins de toutes mes sœurs, les prières de nos prêtres, le dévoûment de tous ceux qu'il a mille fois sauvés... oh! nous le sauverions aussi!.. car Amazampo, c'est notre héros, c'est notre défenseur, c'est notre frère à tous... et le sauver, même au péril de notre vie, pour nous tous ce serait un devoir!

AMAZAMPO. Un devoir... oui... un devoir pour tous!... mais de toutes ces femmes si empressées autour de lui, de toutes ces vierges si dévouées, en est-il une seule, dis, Maïda, une seule qui, si Amazampo mourait, voudrait à son tour elle, non plus par devoir, non plus parce que ce serait une obligation sacrée pour tous... mais parce que ce serait son plaisir, sa volonté à elle, une seule qui voudrait mourir après lui... parce qu'il ne lui serait pas possible de vivre sans lui?

MAIDA, *troublée.* Je ne te comprends pas...

AMAZAMPO. Oh!... c'est que vois-tu, Maïda, si tu mourais, toi, il y aurait aussi des larmes dans toute la tribu de Riobamba!.. il y aurait sur toi les regrets de toutes nos vierges, les pleurs de Zorès, le désespoir du vieil Ataliba, ton père!.. mais ton frère, mais ton père lui-même, mais tous ils trouveraient la fin de leurs larmes... un seul de ceux qui t'auraient aimée ne pleurerait pas peut-être... car, ceux-là seulement se désolent qui peuvent être consolés... lui, Maïda, ne pleurerait pas... mais il mourrait... car, Maïda morte, Amazampo ne pourrait plus que mourir!

MAIDA, *émue jusqu'aux larmes, se jette dans ses bras*: Oh! tu es bon!..

ZORÈS, *bas d'Amazampo*. Eh! bien, elle ne t'aime pas?.. elle en pleure.

AMAZAMPO, *à part, d'une voix étouffée*. Oh!.. malheur... malheur sur moi!..

ZORÈS. Assez d'inquiétudes et de larmes inutiles!.. vous êtes tous deux pleins de force et de santé; vous ne pensez ni l'un ni l'autre à mourir. La fièvre, espérons-le, ne sera pas pour nous, mais pour nos oppresseurs; puisse-t-elle les frapper tous!.. puisse l'implacable Dieu du mal...

MAIDA, *vivement*. Mon frère... pas d'imprécations!..

ZORÈS, *avec fureur*. Contre cette race odieuse et sacrilége!.. contre ces brigands étrangers, profanateurs de nos temples... qui sont venus voler à nos pères et à nous patrie, repos, liberté, tout ce qu'il y a de saint et d'inviolable parmi les hommes!.. mort et malédiction sur eux!.. extermination sur tout ce qui porte le nom d'Espagnol!..

MAIDA. Mon frère... grâce!..

ZORÈS, *avec un mouvement terrible*. Grâce pour nos ennemis?..

AMAZAMPO, *l'arrêtant*. Zorès!..(*A Maïda, très sévèrement*.) Quel mot vient de t'échapper, Maïda?.. grace pour les Espagnols!.. mais si l'on parlait d'écraser la tête à tout ce qu'il y a de serpents dans nos forêts... tu demanderais donc grace?

MAIDA, *le regard d'abord avec terreur et dit à part*. Et lui aussi!.. Amazampo!

Un son de trompe dans le lointain.

AMAZAMPO. Nos frères nous avertissent d'être sur nos gardes: Maïda va rentrer au camp.

MAIDA. Adieu, mes frères.

Elle s'éloigne lentement par le fond, reconduite par Zorès, après avoir embrassé Amazampo.

AMAZAMPO. Zorès, prends la route des Palmiers; à la Roche-Bleue, nous nous retrouverons. (*A part*.) Le tigre est lancé, sans doute... je suivrai de loin Maïda.

Il sort avec Zorès.

SCÈNE V.
FERNAND, LEPORELLO.

A peine sont-ils partis que Fernand et Leporello sortent de la voûte à gauche.

FERNAND, *s'avançant jusqu'à la voûte d'entrée*. Enfin, ils s'éloignent!

LEPORELLO, *sortant avec précaution*. En êtes-vous bien sûr, monsieur? au nom de la bienheureuse vierge Marie, pas d'imprudence! l'imprudence est mère du péril... et le péril c'est très dangereux.

FERNAND. Rassure-toi, poltron.

LEPORELLO. Poltron... je ne le nie pas; c'est donc bien rassurant l'existence à laquelle nous sommes voués depuis ce matin?.. mademoiselle Maïda, femme d'un physique fort agréable, j'en conviens... nous donne rendez-vous ici, dans cette caverne... cette caverne est son boudoir, nous sommes d'une exactitude romanesque; mais à peine sommes-nous entrés, que le boudoir est envahi par une bande de ces animaux féroces, qui parlent de détruire un Castillan, comme je parlerais, moi, d'anéantir un verre de vin d'Espagne.

FERNAND. Eh bien... nous nous sommes cachés.

LEPORELLO. Le moyen de faire autrement? ce damné boudoir est une véritable ratière... (*Montrant les voûtes*.) Force cabinets noirs, c'est vrai... mais pas le moindre escalier dérobé... pas une issue! (*Montrant l'ouverture du fond*.) Ici la lumière... et là-bas, derrière la montagne, les avant-postes Espagnols... oui, mais auparavant, essayez donc de franchir ce précipice... une largeur de quinze à vingt pieds... quant à la profondeur... je n'ose pas y songer...

FERNAND. Mon pauvre Leporello, tu as décidément tous les défauts... bavard, gourmand, poltron... je ne sais pas ce qui te manque.

LEPORELLO. Je le sais bien, moi, ce qui me manque pour le moment... c'est un bon repas... à l'office... dans le superbe palais de son altesse, monsieur votre père, don Gomès de Cabrera del Cinchon, vice-roi du Pérou, au nom de sa majesté Philippe IV d'Espagne; voilà, monsieur, ce qui...

FERNAND, *vivement*. Silence... on approche...

LEPORELLO, *se dirigeant vers la voûte à gauche*. Qu'est-ce que c'est?.. encore une faction dans les cabinets noirs?..

FERNAND. Non, c'est elle... laisse-nous, veille au dehors.

Entrée de Maïda, Leporello sort.

SCÈNE VI.
FERNAND, MAIDA.

MAIDA, *courant à lui*. Fernand... mon Fernand... ils te tueront!

FERNAND, *la serrant contre son cœur*. Chère Maïda!..

MAIDA. Oh! malheur à moi, qui n'ai pas su repousser l'amour que tu m'inspirais... cet amour qui nous sera mortel à tous les deux!

FERNAND. Toi, mourir!

MAIDA. Oh!.. si tu avais entendu tout à l'heure, ici, les terribles paroles de mon frère... d'Amazampo lui-même...

FERNAND, *indiquant la voûte à gauche.* J'étais là.

MAIDA, *terrifiée.* Là... si près du poignard de Zorès!..

FERNAND. Rassure-toi, ma bien-aimée, j'ai une épée pour me défendre.

MAIDA. Te défendre!.. oui, contre mon frère! Oh! mes remords ne me trompaient pas... l'amour d'une américaine pour un castillan... cet amour est criminel, puisque tôt ou tard il doit enfanter le crime!.. mon frère tué par toi, ou toi par mon frère! et moi... moi seule coupable!..
Elle pleure.

FERNAND. O blasphême!.. toi coupable, Maïda! coupable de m'aimer, moi qui n'ai jamais aimé que toi... moi qui ai mis à tes pieds le cœur d'un amant... mais qui ai voulu te conserver pure jusqu'au jour où je pourrai t'offrir le titre d'épouse!

MAIDA, *avec joie.* Fernand! moi... moi, ton épouse!

FERNAND. En douterais-tu?.. douterais-tu de mon cœur et de ma loyauté?

MAIDA. De toi... non!.. mais de l'avenir qui n'est pas à nous... de l'avenir dont le seul maître est au ciel.

FERNAND. Le ciel est pour nous, Maïda!.. et puis, vois-tu, pour que tu n'aies plus rien à craindre, rien à espérer non plus de l'avenir, je veux, ma bien-aimée, je veux, avant qu'il soit peu, mettre tout notre bonheur dans le présent.

MAIDA. Que dis-tu?

FERNAND. Ecoute-moi, mon ange... il faut un terme à cette existence de contrainte et de ruse; je suis las de cacher comme une honte ce que je voudrais montrer à tous comme une gloire, mon amour pour Maïda!

MAIDA. Comme je suis impatiente de dire à tous l'amour de Maïda pour Fernand!

FERNAND. Eh bien! donc es-tu prête à me tout sacrifier, comme je te sacrifierais tout, patrie, parents, famille?

MAIDA. O mon Fernand, si le moment doit venir de briser toutes ces saintes affections, tu seras ma famille, tu seras tout ce qui m'est cher... car je t'aime de tout l'amour de mon cœur!

FERNAND. Ce moment est venu, ma Maïda chérie! car je ne peux pas aller dire à ton père, à ton frère non plus; « J'aime Maïda... »

MAIDA. Oh! Zorès!.. il nous tuerait tous deux!.. mon père me maudirait!

FERNAND. Viens donc chez mes frères, que l'on te peint si odieux!.. là-bas peut-être, comme ici, il faudra pour quelque temps encore, cacher notre amour... mais là, tu resteras près de ma mère... de ma bonne mère que tu aimeras... tu te feras aimer d'elle... et là, du moins pas de malédictions, pas de poignards à redouter... dis, Maïda, réponds, le veux-tu?

MAIDA, *avec passion.* Que puis-je répondre, mon Fernand... sinon que je t'aime, que tu es mon amant, mon maître... moi ton esclave soumise... et que là où tu me diras de vivre, je vivrai heureuse!

FERNAND, *la couvrant de baisers.* Ange adorée!..

Amazampo a paru au fond à ces mots de Maïda. »Que puis-je répondre.» A l'aspect des deux amans, il s'est arrêté muet et immobile, et les contemple dans une morne stupeur.

SCÈNE VII.
Les Mêmes, AMAZAMPO. *

FERNAND, *entraînant Maïda.* Viens... oh! viens!... (*Apercevant Amazampo.*) Trahison!..
Il tire son épée et court sur Amazampo.

MAIDA, *voulant le retenir.* Grâce, Fernand!.. grâce pour Amazampo!..

Amazampo attend Fernand sans bouger, et au moment où celui-ci va le frapper, il lui arrache son épée.

AMAZAMPO. Amazampo ne reçoit de grâce de personne... il fait grâce à tous, excepté aux Espagnols... tu vas mourir!
Il le terrasse. **

MAIDA, *à ses genoux.* Pitié... pitié pour lui... je l'aime!..

AMAZAMPO. Mais c'est parce que tu l'aimes qu'il va mourir!
Il lève son poignard.

MAIDA, *s'élançant au bord de l'abîme.* Frappe... si tu veux que Maïda meure!

AMAZAMPO, *poussant un cri, et présentant son poignard à Fernand.* Ah! Espagnol, à toi ce fer... et si Maïda l'ordonne, à toi mon sang aussi.

Fernand se lève et repousse le poignard que lui présente Amazampo.

MAIDA, *lui sautant au cou.* O bon frère!

AMAZAMPO, *abattu.* C'est donc ainsi que tu l'aimes, Maïda... mourir toi-même s'il mourait!.. mais qu'a-t-il fait cet homme? ***
Bruit au dehors.

* Amazampo, Fernand, Maïda.

** Fernand, Amazampo, Maïda.

*** Amazampo, Maïda, Fernand.

FERNAND, *qui a écouté à la voûte d'entrée.* On vient !*

AMAZAMPO, *écoutant.* C'est la voix de Zorès...

MAIDA. Zorès !.. c'est la mort !

FERNAND, *montrant Amazampo.* Il le savait !.. merci à ta générosité, mon noble rival ! tu fais grace de la vie... mais jusqu'au retour des assassins !

AMAZAMPO. Espagnol, tu peux m'insulter... ce n'est pas à moi que tu dois de la reconnaissance. (*Indiquant une des voûtes à droite.*) Sauve-toi, Maïda !.. là... là... et pas un mot !

Maïda entraîne avec elle D. Fernand.

SCENE VIII.

AMAZAMPO, ZORÈS, LEPORELLO; FERNAND et MAIDA, *cachés.*

ZORÈS, *faisant marcher Leporello devant lui.* Le fils du vice-roi, dis-tu ?

LEPORELLO, *tremblant.* Oui, puissant Hidalgo, c'est mon maître... il est ici... (*Apercevant Amazampo.*) Ah ! mon Dieu !.. ce n'est pas ce gentilhomme... (*A part.*) Ma seconde bête féroce....

ZORÈS, *à Amazampo.* Frère, tu n'as vu personne ?

AMAZAMPO. Personne.

ZORÈS, *à Leporello.* Et c'est pour Maïda qu'il est venu ?.. pour ma sœur ?

LEPORELLO. Pour mademoiselle Maïda, oui. Ah ! monsieur est le frère de la demoiselle ?..

ZORÈS, *furieux à Amazampo.* Tu l'entends, frère, pour elle !.. oh ! perfide, lâche Maïda !.. Vengeance de tous les deux !..

LEPORELLO, *à part.* Il ne dit rien de moi.

ZORÈS. Vengeance de tout ce qui est Espagnol !.. c'est ici qu'ils se cachent sans doute. Amazampo, je te confie mon prisonnier ; je cours placer deux des nôtres à l'entrée de la caverne... et puis nous reviendrons la fouiller jusques dans ses profondeurs les plus cachées... et malheur... malheur aux infâmes ! ils ne sauraient nous échapper !

Il sort rapidement.

SCÈNE XI.

FERNAND, MAIDA, AMAZAMPO, LEPORELLO.

LEPORELLO, *au comble de la frayeur.* O grand Saint-Dominique !.. je n'ai pas un quarteron de sang dans les veines... il a dit : « Tout ce qui est Espagnol ! »

* Amazampo, Maïda, Fernand.

AMAZAMPO, *qui s'est approché de la voûte.* Viens, Maïda... ton frère, ton père non plus ne te pardonnerait pas... il faut fuir !

MAIDA. La fuite est impossible !

AMAZAMPO, *indiquant l'abîme.* Par ici.

MAIDA. Y penses-tu, frère ?... un abîme sans fond !..

AMAZAMPO, *indiquant.* Sur l'autre bord, vois-tu cet arbre ?... il vous servira de pont...

LEPORELLO. Oui... si nous pouvions l'atteindre...

Amazampo s'élance, et d'un bond il franchit l'abîme, prend sa hache et en quelques coups il abat l'arbre qu'il fait tomber en travers sur le torrent.

MAIDA, *au moment où Amazampo s'élance, pousse un cri d'effroi, et détourne la tête.* Ah !...

LEPORELLO. Il n'a pas de mal... Quel jarret !... Et puis, pan... pan... à la besogne... Ces enfans de la nature, c'est industrieux comme des castors.

MAIDA, *à Fernand.* Fernand, crois-tu encore qu'Amazampo voulait t'assassiner ?...

FERNAND, *à Amazampo qui, pendant ce temps, a traversé le pont pour leur donner l'exemple.* * Homme généreux, laisse-moi toucher ta main, et dis-moi que c'est la main d'un ami ?

AMAZAMPO, *repoussant sa main avec gravité.* Rien pour toi, Espagnol... tout pour elle. C'est elle qui t'a sauvé la vie, elle qui te sauve la liberté !...

LEPORELLO, *qui veillait à l'entrée.* Eh vite ! eh vite !... voilà celui qui ne plaisante pas. **

Il passe le premier sur le pont. Bruit de pas sous la voûte d'entrée. Maïda fait passer Fernand : au moment où elle va traverser, elle tend la main à Amazampo qui la serre et lui dit :

AMAZAMPO. Maïda, sois heureuse sans moi ; si le malheur venait, rappelle-moi.

Tous les trois ont traversé, et disparaisssent par la droite de l'acteur. Zorès entre avec les Américains. Amazampo reste accroupi à la tête de l'arbre, suivant des yeux Maïda.

SCENE X.

ADARIO, AMAZAMPO, ZORÈS, OSSANI, SAIBAR, Américains.

ZORÈS. Cherchez partout... saisissez-les, morts ou vivans !.. Déjà l'un d'eux est entre nos mains. (*Ne voyant pas Leporello, il dit à Amazampo :*) Eh bien !... le prisonnier ?...

* Leporello, Maïda, Fernand, Amazampo.

** Amazampo, Maïda Fernand, Leporello.

AMAZAMPO. Il est sauvé.
TOUS. Sauvé !...
AMAZAMPO. Avec Fernand et Maïda.
ZORÈS. Et tu l'as permis ?..
AMAZAMPO. C'est moi qui l'ai voulu.

En ce moment les trois fugitifs paraissent sur la montagne au fond.

ZORÈS, *les apercevant.* Les voilà !.. courons, frères... nous devons les atteindre...

Il va pour passer le pont.

AMAZAMPO, *s'avançant.* Je ne le veux pas !...

Il pousse du pied l'arbre qui tombe avec fracas dans l'abîme : tous les Américains restent muets d'étonnement et de terreur ; les fugitifs disparaissent derrière la montagne.

FIN DU PREMIER TABLEAU.

DEUXIÈME TABLEAU.

Le théâtre représente un souterrain ; c'est le lieu de sépulture des anciens rois du Pérou. On aperçoit au fond plusieurs tombeaux : à droite de l'acteur, est la tombe du grand Manco, fils du soleil et premier Inca, elle est plus élevée et plus riche que les autres. Près de la tombe est l'autel sur lequel brûle le feu sacré. Sur les tombeaux et sur l'autel, brillent avec profusion et magnificence toutes sortes d'ornemens en or massif.

SCÈNE XI.

Au lever du rideau, Outougamiz, vieillard centenaire et aveugle, et le dernier des Incas, est assis à gauche sur un siége de pierre. A droite, debout devant l'autel, Thamir, jeune enfant de quinze ans, achève de disposer autour du feu sacré les fruits et le pain de maïs qu'il tire d'une corbeille d'or.

THAMIR, OUTOUGAMIZ.

OUTOUGAMIZ. Enfant, as-tu présenté à l'autel les fruits et le pain ?

THAMIR. Oui, vénérable Inca. Ordonnez-vous que Thamir vous serve le repas de la journée ?

OUTOUGAMIZ. Le vieil Outougamiz ne prendra pas de nourriture aujourd'hui.

THAMIR. Pardonnez, prêtre du soleil, si j'ose vous interroger : Pourquoi ce refus ? Est-ce quelque souffrance ?...

OUTOUGAMIZ. Rassure-toi, enfant. Le ciel n'a rien ajouté aux maux par lesquels il m'éprouve. Mais à mon âge, vois-tu, la faim n'est plus un besoin de tous les jours. Cent hivers ont passé sur mon front ; aussi mon front est dépouillé, mes cheveux ont blanchi, mes yeux ne voient plus : tout en moi s'use et s'affaiblit. * Retire-toi, enfant ; les quelques fruits que tu as déposés sur l'autel de mon divin père, me seront assez jusqu'à la lune prochaine. A cette époque, si mon père ne m'a pas rappelé à lui, tu me retrouveras ici ; tu retrouveras le dernier rejeton de la famille des Incas, entretenant de ses mains débiles le feu sacré sur cet autel ignoré de nos tyrans, en face de la tombe de l'immortel Manco, fils aîné du soleil. Retire-toi, et que l'ombre du mystère soit sur tes pas !

THAMIR. Mon père, que dire à vos enfans de la forêt ?...

OUTOUGAMIZ. Tu m'as annoncé la venue des six chefs, je les attendrai.

THAMIR, *s'inclinant.* Je me retire.

Il sort par la gauche, au fond.

SCÈNE XII.
OUTOUGAMIZ, *seul.*

Qui peut les amener ici ?... Un motif grave sans doute. En butte aux soupçons et à la surveillance de nos oppresseurs, ils ne s'exposeraient pas, pour une cause frivole, à livrer le secret de cette mystérieuse retraite. C'est ici seulement, dans les entrailles de la terre, au milieu des tombeaux de nos rois, dans le séjour des morts, que le dernier des prêtres du soleil a pu trouver un asile. O Manco, de cet immortel empire des Incas qu'avaient fondé tes mains puissantes, voilà tout ce qui reste : un vieillard qui prie devant une tombe !.. Que du moins cette tombe, où dort ta dépouille mortelle, soit à jamais inviolable à nos tyrans ! qu'ils soient maîtres dans nos villes, qu'ils renversent nos temples ou les profanent par le culte de leur dieu, que là-haut au-dessus de ma tête, ils règnent dans le palais de nos rois ; ici, Manco, toi seul es roi, et toi, son divin père, ô soleil, toi seul es Dieu ! (*Il est arrivé peu à peu jusqu'au pied de l'autel ; en prononçant les dernières paroles, il s'agenouille et demeure absorbé dans une prière muette, les bras étendus vers le feu sacré qui brûle sur l'autel. Pendant ce temps, on voit un énorme serpent traverser lentement la scène de gauche à droite, et se perdre au milieu des tombeaux. Outougamiz se relève et dit :*) Dieu du Pérou, ton serviteur a fortifié son âme par la prière ; permets qu'il repose son corps dans le sommeil ; et quand les fils de la forêt viendront, ils trouveront ton serviteur prêt pour le conseil.

Il sort lentement par la gauche, premier plan. La

---
* Outougamiz, Thamir.

musique n'a pas cessé d'accompagner la scène depuis le moment où Outougamiz s'est prosterné devant l'autel, jusqu'à l'entrée de Maïda. Maïda arrive du fond à gauche, à l'instant où le vieillard disparaît.

SCENE XIII.
MAIDA seule.

Elle s'incline devant la tombe de Manco, et puis regarde du côté par où est sorti Outougamiz.

On ne m'a pas trompée... Voici l'asile impénétrable... ignoré de tous; et voilà le saint vieillard qui, une fois l'année, se montre à nous pour bénir et la naissance des nouveaux-nés et l'union des nouveaux époux. Il repose maintenant... Que son sommeil est calme!... Il ne soupçonne pas qu'aujourd'hui peut-être nos ennemis.... Qu'ai-je dit ?... Maïda a-t-elle encore le droit de leur donner ce nom ?.. Depuis un mois.. depuis le jour où elle a fui la hutte paternelle, Maïda ne s'est-elle pas faite espagnole ?... N'est-ce pas dans le palais de leur chef, près de l'épouse de leur viceroi, que j'ai trouvé un asile ?... N'est-ce pas là aussi que j'ai su qu'Alvarado, le sévère Alvarado a découvert ce dernier refuge du dernier de nos prêtres ?... que demain, aujourd'hui peut-être, ses soldats viendront profaner ce lieu sacré ?.. Oh !.. je suis vite accourue pour dire au vieillard : Fuyez ! et j'ai pensé que peut-être on me pardonnerait mon crime, car c'est à mon crime que je devrai d'avoir sauvé l'Inca, d'avoir sauvé nos autels !.. (*Bruit de pas.*) On vient !.. ce sont eux déjà !... Malheur ! je suis venue trop tard !.. (*Elle regarde à l'entrée.*) Mais non... ce ne sont pas les Espagnols !.. je ne me trompe pas... Amazampo, Zorès... mon père aussi !.... malheureuse ! où me cacher ?.... où fuir leur colère ?.... Oh ! tout à l'heure je croyais au pardon... Maintenant qu'ils sont là... maintenant j'ai peur !..

Elle se cache avec précipitation derrière la tombe de Manco. Entrent les Américains.

SCENE XIV.

MAIDA, *cachée*, ATALIBA, AMAZAMPO, ZORES, OSSANI, SAIBAR, *puis* OUTOUGAMIZ *qui reparait à droite un peu après l'entrée des Américains.*

ATALIBA. C'est ici ! à genoux, enfans, et dites avec moi : Ombre de Manco, je te salue !

Il s'agenouille.

TOUS LES AUTRES, *s'agenouillant.* Ombre de Manco, je te salue.

OUTOUGAMIZ. J'entends la voix des enfans de la forêt ; que viennent-ils demander au chef de la prière ?

ATALIBA. Ils attendent à genoux que le chef de la prière les écoute.

OUTOUGAMIZ. Levez-vous, et que le plus âgé parle au nom de tous !

Tous se lèvent.

ATALIBA. Inca, je suis Ataliba, le plus vieux de ceux qui sont venus vers toi ; mais, si tu le permets, je laisserai parler Amazampo, plus jeune que moi, puisqu'il pourrait être mon fils ; car Amazampo est seul possesseur du secret que nous sommes venus te confier, chef de la prière.

OUTOUGAMIZ. Un secret ?

ATALIBA. Qui doit assurer le salut des Américains et l'anéantissement des Espagnols.

OUTOUGAMIZ. Silence à tous ! Amazampo va parler.

Outougamiz s'assied. Tous les autres sont debout ou à genoux, Amazampo est venu s'agenouiller près de l'Inca.

MAIDA, *à part, toujours cachée.* Que vais-je apprendre ? *

AMAZAMPO. Inca, et vous tous, mes compagnons, vous connaissez le fléau de ces contrées ; redoutable pour nous, la fièvre est presque toujours mortelle aux étrangers. En ce moment, elle est dans toute sa force, et chaque jour les Espagnols meurent, victimes d'un mal qu'ils ne peuvent ni éviter, ni guérir ; car pour les Espagnols, la fièvre de nos contrées, c'est la mort !

OUTOUGAMIZ. Hélas ! mon fils, la mort aussi pour nous !... car nos pères ont en vain demandé au ciel un remède contre ce mal.

AMAZAMPO. Le ciel nous l'accorde à nous, et celui qui vous parle, mon père, en est la preuve vivante.

OUTOUGAMIZ. Toi ?

AMAZAMPO. Il y a un mois, à la suite d'un chagrin cruel dont le mal ne fut un secret pour aucun de nos compagnons, je fus atteint de la maladie qui fait en ce moment tant de victimes chez nos ennemis ; le cœur souffrait en même temps que le corps, mon état fut bientôt désespéré ; en quelques jours la fièvre m'avait tué, j'allais mourir !

MAIDA, *à part.* Que dit-il ?

AMAZAMPO. Le troisième jour, j'étais seul... étendu sur ma natte brûlante, haletant, en proie au plus affreux délire... Je ne peux savoir ce qui se passa ; mais je

---

* Maïda, Zorès, Saïbar, Ossani, Amazampo, Outougamis, Ataliba, Adario.

sentis tout à coup une grande fraîcheur par tout le corps... la raison me revint.... je me sentis plongé dans les eaux du lac Oxicaya, précisément au pied d'un de ces arbres dont le lac est bordé, et que toujours nous avons nommés arbres de la mort, parce que leur écorce distille une liqueur que nos pères appelaient un poison mortel...

OUTOUGAMIZ. Eh bien?..

AMAZAMPO. Eh! bien, mon père, cet arbre, c'est l'arbre de la santé; cette liqueur mortelle, c'est la vie! car cette eau dans laquelle l'arbre trempait ses racines et laissait tomber ses fruits, cette eau dont je m'étais dans mon délire abreuvé largement, cette eau où vous auriez dit que je buvais la mort... il me sembla qu'elle me rendait tout d'un coup la force et la vie. Le lendemain, j'osai, presser sur mes lèvres cette écorce que j'avais si long-temps regardée comme un poison... et quelques heures après, je sentais le feu de la fièvre qui abandonnait mes membres rafraîchis... Que vous dirai-je enfin?.. grace à cette liqueur bienfaisante, je retrouvai la santé. Ataliba, qui est ici, avec moi, et que j'aime comme un père, Ataliba fut frappé de la maladie, et comme j'avais été sauvé, je le sauvai aussi.

MAIDA, à part. Mon père!..

AMAZAMPO. Je sauvai de même plusieurs de nos frères... mais toujours sans leur rien apprendre de mon secret... car, ce secret que le hasard m'avais fait connaître, c'est seulement devant vous, ô Inca, à la face de notre Dieu, devant le feu de l'autel que je m'étais promis de le révéler.

OUTOUGAMIZ. Bien, mon fils! tu as voulu, n'est-ce pas, rendre grace en même temps à la paternelle prévoyance du grand Esprit, qui daigne, à côté du mal, placer aussi le remède.

AMAZAMPO. Amazampo a voulu autre chose encore, mon père; Amazampo vous a annoncé la révélation d'un secret qui doit assurer le salut des Américains et l'anéantissement des Espagnols; ce secret, vous le connaissez maintenant; ceux devant qui j'ai parlé le connaissent ainsi que moi, mais il faut que nous soyons les seuls au monde... (se levant.) dès ce moment, les six chefs ici présents formeront un conseil sacré dont l'Inca sera comme le père, un conseil chargé de veiller sur tous nos frères de toutes les tribus. Qu'un Américain soit attaqué du mal, à l'instant il recevra de l'un de nous le breuvage précieux que nous seuls posséderons; mais qu'un Espagnol en soit atteint, et ils le seront tous, tous jusqu'au dernier!.. Eh! bien, tous jusqu'au dernier, nous les regarderons souffrir et mourir!.. est-ce votre volonté à tous?..

LES AMÉRICAINS. A tous!..

AMAZAMPO. Que l'Inca prononce donc les paroles du serment terrible qui doit nous engager...

Les six chefs se mettent à genoux.

OUTOUGAMIZ, *se lève et se tourne vers le tombeau.** La tombe reçoit nos paroles, l'autel nous regarde, le soleil nous éclaire et nous juge!.. que celui qui ferait usage du secret de l'arbre de la vie, pour autre motif que pour sauver un Américain, que celui-là meure...

TOUS. Qu'il meure!..

OUTOUGAMIZ. Que celui qui, soit hasard, soit trahison, aurait surpris le secret que seuls nous devons posséder, que celui-là meure, lui et tout ce qui tient à lui!..

TOUS. Qu'il meure... lui et tout ce qui tient à lui!..

OUTOUGAMIZ. Que celui qui révélerait le secret à un Espagnol, que celui-là meure!.. lui, son père, sa mère, ses frères et tout ce qui tient à lui!..

TOUS. Qu'il meure!..

OUTOUGAMIZ. Et maintenant, le pacte que vous venez de conclure, vous jurez de l'observer saintement? vous le jurez sur la tête de vos enfans, sur la tombe ou sur les jours de vos mères, sur la cendre ou sur les cheveux blancs de vos pères; sur le feu de l'autel, vous le jurez?..

Tous étendent la main pour jurer; un cri perçant se fait entendre; Maïda s'élance pâle et tremblante, indiquant avec effroi le tombeau derrière lequel on voit se dresser le serpent qui la suit.

MAIDA. Ah!.. sauvez-moi...

TOUS. Maïda!..

AMAZAMPO. Le serpent!..

Il s'élance, saisit une énorme pierre sur laquelle il s'est agenouillé près d'Outougamiz, pendant le récit, et d'un seul coup il écrase la tête du reptile.

MAIDA, *aux pieds d'Amazampo.*** Amazampo!.. mon sauveur!..

ZORÈS. Elle a tout entendu!..

OUTOUGAMIZ. Quelle est cette femme?

ATALIBA. La fille d'Ataliba.

OUTOUGAMIZ. Qu'est-elle venu faire ici?

ZORÈS. Surprendre nos secrets, l'infâme! pour les livrer à l'Espagnol!

OSSANI. Maïda doit mourir!..

* Maïda, Zorès, Outougamiz.
** Outougamiz, Adario, Ossani, Saïbar, Zorès, Ataliba, Maïda, Amazampo.

SAÏBAR ET ADARIO. Oui, qu'elle meure !
AMAZAMPO, *s'élançant devant elle*. Maïda !.. mourir !..
OSSANI. L'Inca l'a dit, et nous l'avons juré... que celui qui pourrait nous trahir...
MAIDA, *passant au milieu d'eux*. Vous trahir !.. mais je suis venue vous sauver... sauver nos autels et l'Inca !..
ATALIBA. Que dit-elle ?
MAIDA. Ce saint asile est découvert ; dans quelques minutes peut-être vos ennemis seront ici...
ZORÈS. Ici !.. mais qui leur a fait connaître ?..
MAIDA. Eh ! le sais-je ?..le hasard seul a pu m'apprendre qu'Alvarado sait tout... (*A Outougamiz.*) Fuyez, prêtre du soleil... fuyez, c'est vous qu'il cherche.
OUTOUGAMIZ, *embrassant l'autel*. C'est moi qu'il trouvera...

On entend un coup de feu au dehors.

MAIDA. Fuir !.. il n'est plus temps !.. ce sont eux !..
ZORÈS, *à Amazampo*. Mais ces souterrains n'ont il pas une autre issue ?..
AMAZAMPO. Une issue ignorée de tous... oui !..à jamais impénétrable aux Espagnols, même lorsqu'ils vont se trouver maîtres de ces lieux ; mais cette issue conduit dans l'ancien palais de nos rois, habité aujourd'hui par le vice-roi Espagnol...

SCÈNE XV.

Les Mêmes, THAMIR.*

Il a le bras percé d'une balle ; il accourt auprès d'Outougamiz, qui, sans quitter l'autel, est seulement tombé sur les genoux comme un homme qui s'affaiblit.

THAMIR. Je n'ai pas parlé, mon père !.. mais ils savaient tout... fuyez !..
OUTOUGAMIZ. Enfant, je reconnais ta voix !.. mon refuge est trouvé à moi... le Grand-Esprit me rappelle...
TOUS, *avec une sainte terreur*. Oh !
OUTOUGAMIZ, *d'une voix qui s'éteint*. Approchez, enfants... et toi, Maïda, aussi !.. Maïda, tu connais le secret... mais tu es venue avant le serment accompli...tu peux ne pas mourir : veux-tu, jeune fille, dans ce pacte sacré prendre la part du vieillard qui s'en va...le veux-tu ?..**
MAIDA. Je le veux.
OUTOUGAMIZ. Eh bien, tu as entendu, comme eux tous, les paroles du serment,

* Saïbar, Ossani, Outougamiz, Thamir, Ataliba, Maïda, Adario, Zorès, Amazampo.
** Saïbar, Ossani, Outougamiz, Maïda, Ataliba, Adario, Zorès, Amazampo, Thamir.

prononce avec eux tous sur le feu de l'autel ; « Je le jure ! »
TOUS, *excepté Thamir*. Je le jure !
OUTOUGAMIZ. Je vais porter... votre serment... au ciel !

Tous s'empressent auprès d'Outougamiz, qu'ils entourent religieusement.

THAMIR, *au fond*. On approche...
AMAZAMPO, *a tiré Maïda à l'écart*. Maïda... ils ne te pardonneraient pas de les avoir trahis ; fuis par là, sous la troisième voûte... une porte secrète conduisant au palais du vice-roi...

Il lui parle bas et la pousse vers la gauche, premier plan, par où elle disparaît. Grand bruit au fond à gauche.

THAMIR, *accourant vers le groupe*. Les Espagnols !..
OUTOUGAMIZ. Je meurs !

Tous les Américains tombent la face contre terre autour du grand-prêtre mort.

SCÈNE XVI.

Les Mêmes, *excepté* MAIDA, ALVARADO, Soldats Espagnols.

ALVARADO, *entrant l'épée à la main*. Emparez-vous de toutes les issues ; renversez cet autel des faux-dieux où les idolâtres viennent préparer leurs maléfices et leurs poisons ; que tous ceux qu'on trouvera ici soient chargés de chaînes, le tribunal extraordinaire nous en fera justice.

Les soldats Espagnols préparent les chaînes pour en charger les Américains.

FIN DU PREMIER ACTE.

ACTE II.

TROISIÈME TABLEAU.

Une galerie dans le palais occupé à Lima, par le vice-roi don Gomès, A gauche de l'acteur, salle du conseil. A droite, les appartements de dona Théodora.

SCÈNE I.

OSSANI, ADARIO, SAIBAR, AMAZAMPO, ZORÈS, ATALIBA, Soldats Espagnols, *au fond et à toutes les issues*, *puis*, LEPORELLO.

Les Américains sont enchaînés, les Espagnols ont le fusil sur l'épaule.

LEPORELLO, *sortant de la salle du conseil*.

Ne vous impatientez pas, messieurs les sauvages, les juges délibèrent; en l'absence de S. A. le vice-roi, c'est le capitaine Alvarado qui préside, il ne vous fera pas languir.

ATALIBA. Nous ne demandons qu'une chose, la justice.

ZORÈS. Non, la mort.

LEPORELLO. Vous serez contents tous les deux : on vous fera justice, puisqu'il est convenu qu'on la doit à tout le monde... même aux sauvages; et puis, vous serez brûlés vifs, parce que c'est le moins qu'on puisse faire à des empoisonneurs et à des... intrigants de votre force. Au fait ça devient fastidieux de voir que, nous autres Espagnols, nous mourons comme de simples mouches et sans qu'on sache pourquoi, tandis que, depuis quelque temps, surtout, ces indigènes emplumés, jouissent tous d'une santé européenne. (*On entend sonner dans le lointain le glas des morts.*) Tenez... encore la cloche des morts... nous n'en sortirons pas! (*Les Américains échangent entr'eux des regards de satisfaction.*) Oui, oui... riez, mauvais drôles... rira bien.... (*Apercevant Maïda.*) Mademoiselle Maïda!.. gage qu'elle vient encore causer d'amitié avec ces êtres venimeux! c'est de la dernière inconvenance!

SCÈNE II.
Les Mêmes, MAIDA.*

A la vue de Maïda, tous les Américains se détournent, Amazampo seul reste immobile.

MAIDA, *courant à Ataliba.* Mon père!

ATALIBA, *retirant sa main qu'elle veut baiser.* Éloignez-vous...

MAIDA. Mon père, j'obtiendrai votre grâce!

ATALIBA. Je ne veux pas de grâce... éloignez-vous.

MAIDA, *à Zorès.* Mon frère...

ZORÈS. Celle qui fut ma sœur, vit au milieu de nos ennemis, je n'ai plus de sœur.

UN HUISSIER, *paraissant à la porte de la salle du conseil.* Le tribunal attend.

ZORÈS, *à haute voix.* Les victimes sont prêtes.

LEPORELLO. C'est bon... c'est bon... faiseur d'embarras...

Les soldats entourent les prisonniers, qui se dirigent vers la salle du conseil. Maïda éperdue se jette au milieu d'eux.

MAIDA. Non... je ne vous laisserai pas mourir!.. ils ne m'écoutent pas! (*Apercevant Amazampo.*) Ah! c'est toi, Amazampo... tu ne me repousseras pas... tu m'aimes, toi... tu sais que je t'aime aussi... et lui, mon Fernand qui te doit la vie, il a promis de vous sauver tous... je veux qu'il vous sauve!

AMAZAMPO. J'aime mieux mourir.

Il entre rapidement au tribunal où sont entrés, en même temps que lui, les autres Américains et les soldats Espagnols.

SCÈNE III.
MAIDA, *puis* FERNAND, *et un peu après*, THÉODORA.*

MAIDA, *seule.* Mourir! et lui aussi aime mieux mourir que de devoir la vie à Maïda!

FERNAND, *accourant de la droite.* Réjouis-toi, ma bien-aimée... ma mère me suit... elle a promis de les sauver!

MAIDA. Oh! qu'elle vienne! et je tombe à ses pieds... et je lui crie : « grâce pour eux, madame! leur laisser la vie, c'est me la conserver à moi... à moi qui vous aime déjà d'un amour de fille... à moi que votre fils a promis d'appeler du nom d'épouse! »

FERNAND. Imprudente! veux-tu faire notre malheur à tous?

MAIDA. Je veux sauver mon père!..

FERNAND. Et ma mère, qui est si loin de soupçonner notre amour... elle que je n'ai pu encore préparer à cette nouvelle... elle que ce matin j'ai vue faible et souffrante... veux-tu donc la désespérer? ma mère pour toi si bonne... qui t'a accueillie sans te connaître... qui dès qu'elle t'a connue, t'a aimée! (*Regardant à droite.*) C'est elle!..oh! ne parle pas, Maïda... promets-moi...

MAIDA. Tout... pourvu que tu sauves mon père et ses compagnons.

Entre Théodora, accompagnée de deux dames suivantes et de quatre esclaves indiennes. **

THÉODORA, *à l'une des dames.* Jacintha, faites savoir à sa révérence le supérieur du couvent des Dominicains, que je désire m'associer aux prières publiques qui doivent aujourd'hui se faire dans toute la ville: la sainte procession passera par cette galerie; je demande à nos bons religieux la permission de les accompagner. (*Jacintha sort par le fond.*) Dorothée... un fauteuil.

Elle s'assied.

FERNAND, *s'approchant.* Vous paraissez souffrante, ma mère.

THÉODORA. Un peu de faiblesse... voilà tout. (*A Maïda.*) Maïda, pourquoi ne t'ai-je pas vue ce matin à l'heure accoutumée?

---
* Ossani, Saïbar, Adario, Amazampo, Zorès, Ataliba, Maïda, Leporello.

* Fernand, Maïda.
** Théodora, Fernand, Maïda.

Eh quoi! tu as une prière à m'adresser, et cette prière, il faut qu'elle m'arrive par un autre que toi!

MAIDA, *tombant à ses genoux.* Ah! madame, sauvez-les... il en est temps encore.

L'HUISSIER, *lisant dans la chambre du conseil.* « Le tribunal extraordinaire de »haute justice criminelle, réuni sous la »présidence du capitaine-général Juan, »Alvarado d'Almigaras, déclare coupables »du crime d'empoisonnement et condamne »à être brulés vifs les idolâtres dont sui- »vent les noms : Amazampo, Ataliba, Zo- »rès, Adario, Saïbar et Ossani. Le présent »arrêt sera exécuté dans le jour d'aujour- »d'hui. »

MAIDA. Ah! madame... la mort... aujourd'hui!

SCÈNE IV.

Les Mêmes, ALVARADO, Deux Officiers.

Ils entrent à gauche.

ALVARADO, *paraissant à la porte du tribunal.* Les condamnés ont une heure pour se préparer à la mort; dans une heure le supplice. (*Apercevant Théodora.*) Son altesse!..

Il salue avec respect. Les deux officiers sont sortis par le fond à droite. *

THÉODORA. Monsieur le capitaine, est-il donc vrai que le crime de ces malheureux soit prouvé?

ALVARADO. La preuve, madame, n'est-elle pas dans toutes les rues, dans toutes les maisons de notre ville? dans le deuil de cent familles, dans le trépas de nos frères, qui, chaque jour meurent par le poison?

THÉODORA. Mais est-il bien sûr que ce soit le poison?..

FERNAND. M. le capitaine n'ignore pas que le vice-roi, mon père, est loin de partager cette opinion. C'est même, vous le savez, pour obtenir de nouvelles preuves de ce qu'il appelle votre erreur, monsieur le capitaine, que mon père a voulu parcourir le pays à plus de quarante lieues à la ronde; il est parti avec cette conviction, que nos frères meurent victimes d'une maladie inhérente au climat, et non par le poison.

ALVARADO. Le tribunal extraordinaire en a jugé autrement.

THÉODORA. Le tribunal a le droit de haute justice : mais après le droit du tribunal, le droit de la vice-reine... le droit de grâce.

* Maïda, Fernand, Théodora, Alvarado.

ALVARADO. Quoi! son altesse...

THÉODORA. N'ai-je pas ce droit?

ALVARADO. Vous l'avez, madame, mais n'y aurait-il pas imprudence?..

UN OFFICIER, *entrant de la droite et remettant un billet à Théodora.* Pour être lu par son altesse à l'instant.

THÉODORA. Qu'est-ce?..

Elle lit.

MAIDA, *bas à Fernand.* Mais elle n'a pas dit : Je fais grace.

THÉODORA, *avec joie.* Qu'ai-je lu?.. ici.

FERNAND. Qu'avez-vous, ma mère?

THÉODORA. Tu le sauras... viens, Fernand.

Elle va pour entrer à droite.

MAIDA. Mais, madame... les prisonniers?..

THÉODORA, *vivement.* Ah! les prisonniers?.. (*A Alvarado.*) Monsieur le capitaine, si beau que soit mon droit de grâce, je ne veux pas m'en servir pour contrarier le droit de haute justice don vous êtes investi; j'ordonne donc, non pas qu'il sera fait grâce, mais que, jusqu'au retour de mon époux, il sera sursis à l'exécution du jugement. Viens, Fernand... viens, mon fils!

Elle entre vivement à droite avec Fernand. L'officier et les esclaves la suivent.

SCÈNE V.

MAIDA, ALVARADO.

ALVARADO. Surseoir à l'exécution... quand nous avons besoin d'un exemple terrible!..

MAIDA, *qui est restée immobile.* Qu'a-t-elle dit?.. elle ne fait pas grâce... (*Courant à Alvarado.*) Elle n'a pas fait grâce, dites?..

ALVARADO, *durement.* Non... mais elle accorde un sursis. (*A part.*) Et ce billet... qu'annonce-t-il?..

MAIDA. Un sursis!.. que veut dire ce mot?.. répondez-moi... je n'entends pas le langage de vos lois... mais répondez... vous.. vous... avez-vous encore le droit de tuer mon père?..

ALVARADO, *de même.* On ne tuera ni votre père, ni aucun des siens... son altesse s'y oppose.

MAIDA, *tournée vers la droite.* Oh! merci, ma noble bienfaitrice... merci à la mère de mon Fernand... elle a sauvé mon père!..

Pendant ces paroles de Maïda, une sourde rumeur s'est fait entendre au dehors. Alvarado a remonté au fond. Bientôt on voit entrer en tumulte Leporello, à la tête d'une masse de peuple qui pousse des cris de fureur.

* Maïda, Fernand, l'Officier, Théodora, Alvarado.

SCENE VI.
Les Mêmes LEPORELLO, Peuple.

LE PEUPLE, *entrant.* Justice! justice!..
ALVARADO. Vous demandez justice... de qui?
LEPORELLO. Voila le fait, excellence: c'est encore ces scélérats d'empoisonneurs!.. le vieil Antonio, que nous connaissons... que nous aimons tous... il a un fils... c'est-à-dire non... il l'avait encore ce matin; maintenant, mort, le pauvre jeune homme!.. et on dira que c'est la fièvre!.. c'est le poison!.. il nous faut justice... il nous faut la mort des empoisonneurs!..
MAIDA, *à part.* O ciel!..
ALVARADO. Vous connaissez l'arrêt du tribunal... la peine du feu. Le bûcher est prêt, les condamnés sont là, l'heure est venue... mais son altesse la vice-reine a daigné accorder un sursis.
TOUS. Non, pas de sursis! au feu! les empoisonneurs!..

Ils se précipitent vers la porte à gauche qu'ils enfoncent; ils entrent furieux dans la chambre du conseil et en font sortir de force les prisonniers.

ALVARADO, *essayant de les calmer.* Arrêtez!.. qu'allez-vous faire?
LEPORELLO. Justice nous-mêmes, puisqu'on nous la refuse.
MAIDA, *courant à Alvarado.* Eh quoi! vous souffrirez!.. êtes-vous donc sans autorité?
ALVARADO. Si une fois la justice du peuple s'en mêle!

SCÈNE VII.
Les Mêmes, AMAZAMPO, ATALIBA, ZORÈS, OSSANI, SAIBAR, D. GOMÈS, Officiers. *

Au moment où le peuple a fait sortir de la porte à gauche les Américains prisonniers qu'il entraîne avec des cris : à mort ! à droite paraît don Gomès entouré de ses officiers.

D. GOMÈS, *d'une voix forte.* Quel est ce bruit.
TOUS, *avec étonnement et respect.* Le vice-roi!
D. GOMÈS. Vous êtes bien hardis d'oser violer le sanctuaire des lois! que demandez-vous?.. (*On murmure très sourdement les mots de mort et d'empoisonneur; don Gomès reprend d'une voix très forte.*) Il n'y a pas ici d'empoisonneurs!.. il y a, sous le nom d'Espagnols qu'ils déshonorent, des séditieux que je ferai châtier comme ils le méritent, il y a, sous le nom d'Américains, des condamnés auxquels je fais grâce, parce que j'en ai le droit, en vertu des pouvoirs que m'a donné le roi d'Espagne, votre maître et le mien. Qui de vous osera dire non? (*Profond silence.*) Je vous répète que vous n'êtes pas empoisonnés ! depuis mon départ j'ai parcouru cent lieues de pays; partout j'ai vu des malades et des morts, nulle part des empoisonneurs. J'ai voulu revenir parmi vous sans annoncer mon retour, pour vous trouver encore en flagrant délit de préjugés stupides et d'aveugles fureurs. Dans les provinces éloignées de celle-ci, j'ai retrouvé cette même maladie du climat, désolant des familles Indiennes comme elle dévore ici la population Espagnole. Au lieu des cris à l'empoisonnement, demandez au ciel la fin de nos maux, et joignez vos prières à celles de nos saints pénitents.

En ce moment, la procession des Dominicains a paru au fond du théâtre, qu'elle traverse de gauche à droite. Tout le monde se découvre. Théodora entre de la droite accompagnée de son fils et suivie de ses femmes ; elle marche lentement : arrivée au milieu du théâtre, elle s'arrête et paraît chanceler.

FERNAND. Qu'avez-vous, ma mère?.. vous pâlissez.
THÉODORA. je ne sais... mais je suis bien mal... oh! le cœur me manque.
FERNAND. Oh! mon Dieu! ma mère... ma mère! elle ne m'entend plus!..
MAIDA. Elle s'évanouit!

*On s'est empressé autour d'elle; on la fait asseoir sur un fauteuil, où elle demeure privée de sentiment. Maître Polynandrès, le médecin, s'est approché d'elle.**

D. GOMÈS. Eh bien, maître.
POLYNANDRÈS, *tristement.* Hélas! monseigneur... tous les symptômes de ce mal terrible...

Cri d'indignation dans la foule: on menace de nouveau les prisonniers.

D. GOMÈS, *s'avançant au milieu du théâtre.* Espagnols, j'ai dit : au nom du roi les prisonniers sont libres ! qu'on brise leurs chaînes ! (*Des soldats détachent les fers des Américains.*) Et maintenant si la femme de votre vice-roi vous est chère, priez Dieu pour qu'il nous la conserve ; à genoux, chrétiens, voici la croix !

La croix portée par un pénitent est au milieu du théâtre au fond ; tous les Espagnols tombent à genoux, ainsi que don Gomès. Sur le premier plan à gauche est le groupe des Américains, devenus libres.

AMAZAMPO, *bas à Zorès en montrant don Gomès.* Cet homme est bon.
ZORÈS, *de même.* Il est Espagnol.

---

* Alvarado, Polynandrès, Maïda, D. Gomès, Leporello, Amazampo, Zorès, Ataliba, Ossani, Saïbar, Adario.

* Alvarado, Polynandrès, Théodora, Maïda, Fernand, don Gomès.

THÉODORA, *ouvrant les yeux*. Où suis-je?.. c'est-toi, bonne Maïda?.. reste ici... près de moi...

MAIDA. Madame, je ne vous quitte pas.

AMAZAMPO, *à part*. Que dit-elle!.. ne pas quitter cette femme... cette femme qui va mourir!.. oh! si Maïda elle-même... (*Il s'approche de Maida et lui dit :*) Maïda, ce soir, dans le bois de Cyprès, aux ruines de Zampola, il faut que je te parle.

LEPORELLO, *qui, agenouillé près de lui, entend ces paroles, dit à part*. Encore un complot!

MAIDA, *à Amazampo*. J'y serai.

LEPORELLO, *à part*. J'y serai aussi.

FIN DU TROISIÈME TABLEAU.

QUATRIÈME TABLEAU.

Un salon dans le palais du vice-roi. A gauche, la chambre à coucher de la vice reine à droite au premier plan, une fenêtre donnant sur les jardins. Porte au fond, sopha, fauteuils, etc.

SCÈNE VIII.
FERNAND, JACINTHA.

FERNAND. Jacintha, comment avez-vous trouvé ma mère?

JACINTHA. La nuit n'a pas été bonne... mais ce matin son altesse est moins faible; elle a parlé de se lever.

FERNAND. Se lever!.. mais n'y aurait-il pas imprudence?.. que dit le médecin?..

JACINTHA. Maître Polynandrès, a résisté d'abord au désir de son altesse... et puis il a cédé.

FERNAND. Et près de ma mère, qui a passé la nuit?..

JACINTHA. La senora Maïda.

FERNAND. La nuit toute entière?

JACINTHA. Toute entière... Son altesse la veut voir toujours à son chevet, et n'accepte rien que de sa main. Son altesse sort de chez elle.

SCÈNE IX.
POLYNANDRÈS, FERNAND, THÉODORA, MAIDA.

Théodora entre soutenu par Maïda et Polynandrès. Elle s'assied sur un sopha. Maïda reste debout près d'elle, et l'observe avec la plus tendre sollicitude.

POLYNANDRÈS, *à Théodora*. Asseyez-vous là, madame. (*A Jacintha qui sort par la gauche.*) Veillez à ce qu'on exécute mes ordres.

FERNAND, *à genoux près de Théodora*. Ma bonne mère, vous êtes mieux, n'est-ce pas?..

THÉODORA. Je suis bien faible... mais ce peu d'exercice me fera du bien... N'est-ce pas votre avis, docteur?..

POLYNANDRÈS. Je ne crois pas que cela puisse être nuisible...

THÉODORA, *avec douceur*. Et puis je le voulais... et le docteur sait bien qu'il arrive un moment où l'on ne contrarie plus les malades.

FERNAND, *avec effroi*. Que dites-vous, ma mère?..

POLYNANDRÈS. Madame... vos craintes sont exagérées...

MAIDA, *couvrant de baiser la main que lui tend Théodora*. Ma bienfaitrice...

POLYNANDRÈS, *durement à Maïda*. retirez-vous, jeune fille... ne devinez-vous pas que vos sanglots?..

THÉODORA. Laissez, docteur, laissez... les larmes de ceux qui survivent sont la consolation des mourants; il y a quelques charmes, savez-vous, pour ceux qui s'en vont, à penser qu'ils emportent les regrets de ceux qui restent. Ne t'éloigne pas, pauvre fille... et toi, Fernand, mon fils... approche-toi... j'ai toutes mes forces encore aujourd'hui, je veux profiter de ce moment pour te dire, mon fils, ce que j'attends de toi.

FERNAND. Parlez, ma mère, que voulez-vous?..

THÉODORA. Ce que je veux, mon enfant, de toute la volonté de mon cœur, c'est qu'après ma mort tu retournes en Espagne; c'est que tu ne demeures pas ici, sur cette terre de feu qui dévore et abrège nos frêles existences à nous autres Européens. Vois ta mère... elle n'a pu résister au climat; il l'a tuée... il te tuerait aussi... Oh! dis à ta mère que tu partiras.

FERNAND. Oui, bonne mère, dès que vous serez mieux, nous partirons ensemble.

THÉODORA. Ensemble... oui, mais tu n'emporteras de ta mère qu'une dépouille froide... qu'un cœur qui ne battra plus!.. n'importe... c'est ensemble que l'Espagne nous reverra!.. c'est là, mon Fernand, que tu pourras encore être heureux... heureux surtout si tu jures à ta mère que tu accompliras son dernier vœu.

FERNAND. Tout, ma mère... je jure tout d'avance: le moindre de vos désirs n'est-il pas une loi pour votre fils?..

THÉODORA. Oh! ce désir-là, vois-tu...

c'est celui de ma vie entière, c'est le rêve de mes jours!.. écoute : Tu n'as pas oublié la compagne de tes jeunes années, la pupille de ton père, Inésilla, cette unique héritière du beau nom de Sandovar; quand nous avons quitté l'Espagne, ce n'était encore qu'une enfant, mais déjà elle promettait d'être belle; tu la retrouveras devenue femme, et tu te souviendras, mon Fernand, qu'elle aussi m'appelait sa mère, et que j'ai promis, moi, à sa mère mourante qu'Inésilla serait l'épouse de Fernand.

MAIDA, *d'part* Oh! que dit-elle?..

THÉODORA. N'est-ce pas, mon fils, que mon dernier vœu te sera sacré?.. n'est-ce pas que tu trouveras le bonheur dans une union dont la seule pensée doit adoucir mes dernières souffrances.

FERNAND. Au nom du ciel!.. vous me brisez le cœur!..

THÉODORA. Tu le promets, mon fils... oh! dis que tu le promets!..

FERNAND. Je le promets, ma mère... mais calmez-vous..

MAIDA, *éclatant en sanglots, se cache la figure dans ses deux mains.** Oh! Dieux!..

POLYNANDRÈS, *appuyé sur le dos du canapé.* Madame au risque de déplaire à votre altesse, j'ose le répéter... je ne dois pas vous permettre plus long-temps de si violentes émotions... croyez-moi, madame, un peu de repos...

THÉODORA. J'obéis, docteur... qu'ordonnez-vous?.. que je me retire?.. j'obéis... donnez-moi votre bras... et toi, mon fils, aussi soutiens-moi... j'ai ta promesse, je suis heureuse.

Appuyée sur Polynandrès et Fernand, elle rentre à gauche.

SCÈNE X.
MAIDA, *seule*.

Sa promesse!.. en effet il a promis!.. si sa mère meurt, il a juré de partir... et elle mourra... rien ne peut la sauver... un seul moyen... un seul!.. et celui-là je ne pourrais l'employer, sans devenir à la fois parjure et parricide!.. oh!.. ce philtre divin... je suis heureuse de ne pas l'avoir en ma puissance... car pour sauver la mère de Fernand, j'aurais peut-être la lâcheté de trahir mes dieux, de vouer mon père à la mort!.. oh! non... non!.. qu'il parte, Fernand!.. qu'il aille vivre heureux près d'une autre... loin de cette Maïda qui pour le suivre a tout quitté... qui loin de lui

* Fernand, Polysandrès, Théodora, Maïda.

restera seule avec son désespoir... oh! malheureuse... malheureuse!..

Elle tombe accablée sur le sopha.

SCENE XI.
LEPORELLO, AMAZAMPO, MAIDA.

LEPORELLO, *indiquant de loin Maïda.* La voici. Monseigneur le vice-roi l'a permis, entrez. (*A part, pendant qu'Amazampo s'approche de Maïda.*) Encore quelque machination atroce, je parie... si je pouvais entendre ce qu'ils vont se dire!..

Il entre furtivement dans un cabinet à droite.

AMAZAMPO, *qui s'est approché de Maïda lui dit :* Maïda!..

MAIDA, *relève la tête et l'aperçoit.* Amazampo!.. toi ici!..

AMAZAMPO. Tu devais m'attendre, Maïda... car tu es malheureuse.

MAIDA. Qui t'a dit?..

AMAZAMPO. Tes pleurs mal essuyés me le disent en ce moment... (*Maïda détourne les yeux.*) Et tes pleurs, je les avais devinés, j'avais deviné que Maïda devais souffrir beaucoup, puisqu'elle oubliait une promesse faite à son frère Amazampo.

MAIDA. Une promesse?..

AMAZAMPO. Aux ruines de Zampola... depuis trois jours je t'attends.

MAIDA. Oh! pardon, frère, pardon!.. mais tu te trompes, je suis heureuse....très heureuse...

AMAZAMPO. Et rien ne manque à ton bonheur?.. pas même la présence de tes frères, de ton père?..

MAIDA. Mon père!.. oh! parle-moi de mon père!..

AMAZAMPO. Il est parti.

MAIDA. Parti!.. sans avoir demandé sa fille, sans l'avoir embrassée!.. pauvre Maïda!.. oubliée de tous!.. oh! cela devait être... j'ai abandonné mon père... et mon père m'abandonne... et vous m'abandonnez tous... car toi aussi, Amazampo, tu vas t'éloigner, n'est-ce pas?..

AMAZAMPO. Il le faut, Maïda... à nous autres enfans de la forêt, le séjour de la ville est toujours odieux ; mais j'y respirerais moins librement encore, aujourd'hui, qu'à chaque pas, à chaque instant, je pourrais me trouver face à face avec celui qui m'enlève Maïda... avec ce Fernand que je hais, et que ma haine doit épargner!.. avec cet homme... (*Maïda fait un mouvement.*) Tu vois bien, Maïda, qu'il faut que je parte... et pourtant je suis encore là, près de toi!..

MAIDA. Oh! merci!.. j'avais besoin

d'entendre la parole d'une voix amie !..

AMAZAMPO. Moi, Maïda, j'avais besoin de te voir une dernière fois, avant de t'abandonner, toi, ma sœur chérie, au milieu de ces Espagnols que le ciel a tous condamnés, qui tous doivent mourir !.. car, depuis trois jours, une pensée terrible me bout à la tête, une crainte affreuse me mord au cœur... si Maïda était au nombre des victimes, si Maïda aussi devait mourir !..

MAIDA. Plût au ciel !..

AMAZAMPA. Toi, mourir !.. mais le breuvage sauveur... je suis venu te l'offrir.

MAIDA. A moi !.. A Maïda l'Espagnole?.. mais tu as juré...

AMAZAMPO, *très vivement*. Tais-toi... oh, tais-toi !.. où plutôt, parle, toi, pour qui j'oublierais, autels, sermens, patrie... parle, mais pour me dire que les bons génies ne m'ont point abusé, quand ils sont venus murmurer à mes oreilles que Maïda m'appelait, que Maïda souffrait !

MAIDA. Mais Zorès, mais les chefs des tribus... s'ils savaient...

AMAZAMPO. Que me fait Zorès !.. que me fait l'univers entier !.. le vent de leur colère soufflerait sur ma tête sans ébranler mon cœur. Mais, un mot de Maïda !.. écoute : L'arbre de la vie peut seul te sauver, je le savais ; mais je savais aussi que, pour arriver jusqu'à toi, il me faudrait passer par les mains et les yeux de tes geôliers... et ce précieux breuvage, je ne voulais pas le livrer à nos ennemis !

MAIDA. Ainsi tu ne l'apportes pas ? (*A part avec joie*.) Oh ! je tiendrai mon serment !

AMAZAMPO. Non, Maïda... mais un mot encore, et dans une heure, tu l'auras ; la nuit venue, je reviendrai ; mais dis-moi seulement, dis où je te trouverai... car à toi seule je puis confier...

MAIDA, *vivement*. Ne viens pas.

AMAZAMPO. Tu veux donc mourir ?

MAIDA, *à part*. Mourir... elle !.. et si elle meurt, il partira, lui... oh ! que faire ? que faire ?..

AMAZAMPO, *avec une mélancolie amère*. Tu me refuses !.. oh ! cela devait être, Maïda !.. lorsqu'autrefois tu avais besoin d'un appui, tu étendais la main, et tu trouvais près de toi la main d'Amazampo ; mais cette main tu la repousses aujourd'hui... ce n'est pas celle d'un Espagnol !

Il s'approche de la fenêtre à droite.

MAIDA. Que dis-tu ?

Jacintha sortant de chez la vice-reine, s'approche de Maïda, et lui dit :

JACINTHA. Senora, entrez chez la vice-reine, son altesse a plusieurs fois prononcé votre nom ; elle est en proie à une crise violente.

MAIDA. Craint-on pour ses jours ?

JACINTHA. Hélas ! maître Polynandrès paraît fort inquiet !

Elle sort par le fond.

AMAZAMPO, *revenant à Maïda*. Maïda, le jour baisse ; avant une heure, il sera nuit ; veux-tu que dans une heure, Amazampo vienne frapper à cette fenêtre ?

MAIDA. Je le veux... (*A part*.) Je veux qu'elle ne meure pas !

AMAZAMPO. Merci !.. oh ! je suis encore ton frère, puisque tu permets que je te sauve !

MAIDA. Adieu... adieu !

AMAZAMPO. Maïda, si plus tard, pour conserver ta vie, il fallait ma vie, souviens-toi que tu n'as de même qu'un mot à dire, je le veux !.. Adieu, Maïda, dans une heure !

Il sort par le fond. Maïda par la gauche, premier plan. Leporello entre de la droite.

SCENE XII.
LEPORELLO, *seul*.

Impossible d'entendre !.. tout ce que j'ai pu attraper, c'est le dernier mot de ce grand malheureux... » dans une heure ! » ça n'est pas rassurant... à moins d'avoir de mauvais desseins, on ne se donne pas rendez-vous pour dans une heure... sur ce ton-là. (*Musique annonçant l'approche de plusieurs soldats*.) Hein?.. Qu'est-ce que c'est?... est-ce qu'il revient déjà le traître ? Ah ! je me trompe... c'est la ronde de nuit, le capitaine Alvarado pose lui-même les sentinelles ; voilà un homme !.. un homme de précaution !.. ce n'est pas lui qui nous livrera pieds et poings liés aux empoisonneurs.

On voit passer au fond la ronde de nuit : Entre Alvarado.

SCENE XIII.
LEPORELLO, ALVARADO.

ALVARADO. Que fais-tu ici, à cette heure?..

LEPORELLO. Excellence, je suis en train de me retirer... et de réfléchir en même temps à quelque chose de singulier qui vient de se passer ici.

ALVARADO. Que s'est-il passé?..

LEPORELLO. Je n'en sais rien... mais bien certainement c'est fort grave. Imaginez, excellence, que tout-à-l'heure, à cette place, un sauvage des plus féroces et une femme de la même extraction ont été surpris par moi en flagrant délit de conspiration ourdie par eux à haute et intelligible voix.

ALVARADO. Que disaient-ils ?
LEPORELLO. Je n'en sais rien... mais ils ont décidé que l'affaire aurait lieu dans une heure.
ALVARADO. Quelle affaire ?
LEPORELLO. Je n'en sais rien... mais bien sûr c'est quelque chose de terrible... et on fera bien de les surveiller.
ALVARADO. Surveiller... qui ?.. le sais-tu, au moins ?
LEPORELLO. Oh ! pour ça... certainement !.. d'abord, un gaillard dont je ne suis pas bien sûr de savoir le nom, mais qui est de première force comme constructeur de ponts naturels ; ensuite, mademoiselle Maïda.
ALVARADO. Maïda ?.. cette femme à qui la vice-reine accorde toute sa confiance ?.. et tu soupçonnes ?..
LEPORELLO. Je ne soupçonne pas, je suis sûr que cet affreux complot se rattache au rendez-vous d'il y a trois jours... lequel a été donné au moment que son Altesse ressentait les premières atteintes de son mal. Et comme, depuis ce moment, la demoiselle ne la quitte pas... que son altesse ne boit rien qui n'ait passé par les mains de ce serpent femelle... Je dis que la senora Maïda...
ALVARADO, *qui l'a écouté avec attention.* Leporello, pourquoi ne m'as-tu pas communiqué plus tôt et ces détails et tes soupçons sur cette femme ?
LEPORELLO. Excellence, c'est que mon maître...
ALVARADO. Eh bien ! ton maître ?..
LEPORELLO. Voyez-vous... c'est très délicat à dire... mais le fait est que si mon maître pouvait soupçonner que j'ai des soupçons sur la senora Maïda...
ALVARADO. Eh bien ?..
LEPORELLO. Eh bien ! il n'est pas méchant mon maître... mais il me chasserait.
ALVARADO. Et tu tiens à n'être pas chassé ?
LEPORELLO. Je suis très attaché à mon maître... et à ma place... mais si je trouvais en échange quelque bon emploi...
ALVARADO. Le poste de surveillant de la geôle est vacant au fort de Lima.
LEPORELLO, *joyeux.* Surveillant de la geôle !.. votre excellence daignerait ?..
ALVARADO. Il me faut là un homme qui sache tout voir, tout entendre...
LEPORELLO. Et tout dire à votre excellence.
ALVARADO. Tu m'as compris... c'est bien. Tu peux désormais parler librement de Maïda, même en face de D. Fernand. Le voici.

La nuit est venue par degrés pendant cette scène; à la fin, elle est complète.

SCÈNE XIV.

Les Mêmes, FERNAND.

ALVARADO. Seigneur Fernand ?
FERNAND. Est-ce vous, capitaine ?
ALVARADO. Moi-même. La senora Maïda n'est-elle pas en ce moment près de son altesse ?
FERNAND. Elle doit y passer la nuit.
ALVARADO. Savez-vous, D. Fernand ce qu'on dit de cette femme ?.. que cette femme entretient avec ceux de sa nation des intelligences secrètes; qu'aujourd'hui, ici même, elle a reçu un de leurs chefs; que tout-à-l'heure encore elle doit le revoir ici.
FERNAND. Qui dit cela ?
ALVARADO. Un homme qui ne fait que répéter ce qu'il a vu et entendu.
FERNAND. Mais cet homme, quel est-il ?
ALVARADO, *montrant Leporello.* Le voici.
FERNAND. Leporello !.. misérable... c'est toi qui inventes de pareils mensonges !..
LEPORELLO. Je vous jure, mon maître, que je n'invente rien... la senora lui a dit : « Dans une heure. »
FERNAND. A qui ?
LEPORELLO. Au grand... vous savez... le jour du pont naturel...
FERNAND. Amazampo ?
LEPORELLO. Lui-même... le nom de baptême m'échappe...
FERNAND, *à part.* Elle me tromperait !
ALVARADO. Vous comprenez mes soupçons...
FERNAND. Oui, capitaine... et c'est ici dites-vous ?..
LEPORELLO, *indiquant la fenêtre.* Chut !
ALVARADO. Quelqu'un est ici près ?
FERNAND. On ébranle cette fenêtre.
ALVARADO, *regardant à gauche.* On vient, c'est elle...
FERNAND. Maïda !
ALVARADO. Silence !

Tour trois se retirent au fond dans l'obscurité.

SCÈNE XV.

Les Mêmes, MAIDA.

MAIDA. Dans une heure !.. n'entends-je pas ?.. oui... oui... (*Elle s'avance avec précaution vers la fenêtre qu'on ébranle toujours au dehors, et qui s'ouvre au moment où elle arrive auprès. Se penchant en dehors.*) Est-ce

toi, frère?.. (*Elle tend la main et dit :*)
Merci, frère, merci !
   FERNAND, *bas*. Que dit-elle ?
   ALVARADO, *de même*. Que lui a-t-il remis ?..
   MAIDA, *qui a refermé la fenêtre, s'approche d'une table sur laquelle sont des potions*. Fernand n'aime que moi, il me l'a juré tout-à-l'heure : « Maida, m'a-t-il dit, que ma mère soit sauvée, et tu seras ma femme !.. et si je retourne en Espagne, je n'y retournerai qu'époux de Maida. » Oh! je sauverai la mère de mon époux !
   Elle verse la liqueur dans une tasse.
   ALVARADO. *bas à Fernand*. Voyez... elle prépare le poison.
   FERNAND, *de même*. Oh ! mon Dieu !..
   THÉODORA, *dans la coulisse*. Maida...
   MAIDA, *à part*. Voici le moment.
   Elle prend la tasse et se dirige vers la chambre.
   ALVARADO, *l'arrête en s'écriant*. Arrêtez, malheureuse !
   MAIDA, *stupéfaite laisse tomber la tasse*. Je suis perdue !
   ALVARADO. A moi, gardes !

SCÈNE XVI.
Les Mêmes, D. GOMÈS, Gardes.

Des gardes entrent du fond avec des flambeaux et saisissent Maida. D. Gomès entre de la gauche.

   D. GOMÈS. Pourquoi ce bruit ? Maida, arrêtée comme une criminelle ! capitaine, que signifie ?
   ALVARADO. Altesse, vous m'avez demandé des preuves... je vous en donne aujourd'hui. La maladie de la vice-reine est connue maintenant ; cette misérable l'a empoisonnée !

FIN DU DEUXIÈME ACTE.

ACTE III.

CINQUIÈME TABLEAU.

La chambre à coucher de la vice-reine. Il fait nuit, une lampe éclaire la chambre.

SCÈNE I.
THÉODORA, D. GOMÈS, FERNAND.

Au lever du rideau, Théodora étendue sur un lit magnifique à droite de l'acteur, paraît plongée dans un profond sommeil. Assis à son chevet, don Gomès la contemple avec inquiétude. Fernand est debout à gauche, pâle et abattu, près d'une table sur laquelle est la lampe et tout ce qu'il faut pour écrire.

   THÉODORA, *s'éveillant*. Ai-je dormi longtemps ?
   D. GOMÈS. Pas assez, peut-être, mon amie, pour que le sommeil ait réparé vos forces...
   THÉODORA. Je suis toujours accablée ; mais vous, Gomès, ne reposerez-vous pas ?
   D. GOMÈS. J'attends...
   THÉODORA. Qu'attendez-vous ?
   D. GOMÈS. L'arrêt du tribunal ; il devait être rendu avant la fin du jour, mais...
   THÉODORA. L'arrêt du tribunal !.. Ah ! vous me rappelez l'affreux événement de la nuit dernière... je l'avais oublié comme un rêve pénible... il est donc vrai !.., c'est maintenant que le tribunal la juge...
   D. GOMÈS. C'est maintenant, sans doute, qu'il la condamne.
   THÉODORA. Pauvre fille !
   D. GOMÈS. Ne la plaignez pas, Théodora... elle est indigne de votre pitié.
   THÉODORA. Et moi, je ne peux la croire coupable.
   D. GOMÈS. Théodora, vous m'avez vu imposer silence même aux accusations d'un peuple entier, lorqu'elles me paraissaient injustes ; mais ici le crime est avéré, Alvarado l'a surprise, la malheureuse, au moment où elle allait vous présenter le poison ; Leporello était là... don Fernand aussi...
   THÉODORA. Et toi aussi, Fernand, tu l'accuses !
   FERNAND, *avec effort*. Je l'ai vue, ma mère!
   THÉODORA. Eh bien, moi aussi, je veux la voir... je veux l'interroger... don Gomès, permettez qu'on l'amène ici, devant moi ?.. que je lui parle enfin... ou je dirai

que votre tribunal n'a condamné qu'une innocente !

D. GOMÈS, *vivement*. On vient ! du calme Théodora...

SCÈNE II.

Les Mêmes, ALVARADO.*

D. GOMÈS. Eh bien, monsieur le capitaine, le tribunal a-t-il prononcé son arrêt ?

ALVARADO, *lui présentant un papier.* Il n'y manque plus que la signature de votre altesse.

D. GOMÈS, *lit à part*. La mort !

THÉODORA, *se soulevant avec anxiété*. Eh bien ?..

D. GOMÈS. Je vous le disais, Théodora, le crime est avéré.

THÉODORA. Elle est condamnée ?..

D. GOMÈS. A mort.

FERNAND, *se laissant tomber pâle et accablé sur son siège*. Oh ! dieux !

THÉODORA. A mort !.. à mort, dites-vous ?.. (*A Alvarado.*) Elle a donc tout avoué ?..

ALVARADO. Au contraire, madame, elle s'obstine à soutenir qu'elle n'a pas voulu attenter aux jours de votre altesse.

D. GOMÈS. Mais ce breuvage, qu'un étranger lui a remis sous vos yeux, et qu'un moment plus tard elle eut présenté à sa bienfaitrice, nie-t-elle que ce breuvage fût empoisonné ?

ALVARADO. Eh ! comment l'oserait-elle, monseigneur ? maître Polynandrès, qui a recueilli et examiné les dernières gouttes de ce breuvage, n'y a-t-il pas retrouvé des parcelles d'écorce de cet arbre terrible que les sauvages, eux-mêmes, appellent l'arbre de la mort ?

D. GOMÈS. Que dit-elle donc pour sa défense ?

ALVARADO. A toutes mes questions elle n'a fait qu'une réponse : « Je suis innocente, jugez-moi, condamnez-moi... mais ne me demandez rien de plus, car je n'ai rien de plus à vous dire. »

D. GOMÈS. Et sur ses complices ?..

ALVARADO. Pas un mot.

D. GOMÈS. Oh ! ce calme menteur... cette effronterie du crime qui étale impudemment toute la sécurité de l'innocence, cette obstination à nier en face de tous un forfait qui pour tous est prouvé... tout cela excite en moi plus de colère que le crime lui-même n'y avait allumé d'indignation !

* Théodora, don Gomès, Alvarado, Fernand.

Enfin, la malheureuse eût tout avoué, elle se fût montrée repentante... elle eût demandé grace, que peut-être... oui, je l'avoue, peut-être je me serais laissé fléchir ! mais tant de scélératesse et tant d'hypocrisie !.. Oh ! la justice ne saurait être ni trop prompte ni trop sévère ; le tribunal a prononcé la mort, et je signe, après lui, la mort !

Il prend une plume et va signer.

FERNAND, *par un mouvement involontaire et réprimé presqu'aussitôt*. Mon père...

THÉODORA, *vivement*. Don Gomès... retardez de quelques instants... mon ami, mon époux, je vous en supplie... si j'en avais la force, je vous le demanderais à genoux...

D. GOMÈS, *courant à elle*. A genoux !.. toi... ange de bonté ! à genoux pour elle ? mais tu n'as donc pas entendu que cette misérable a tout nié ?..

THÉODORA. Eh bien ! elle m'avouera tout à moi... je veux la voir... monseigneur, permettez que je lui parle... non, je le répète, je ne puis croire à tant d'ingratitude !

D. GOMÈS. Théodora, je cède à ta prière... tu la verras cette femme ; on va l'amener devant toi...

ALVARADO. Quoi ! monseigneur...

D. GOMÈS. Je le veux, capitaine ; je veux faire à son altesse le sacrifice de ma conviction ; mais ne vous abusez pas, madame, le crime de cette femme est celui d'un cœur inaccessible à toute émotion, inébranlable à toute prière : vous n'obtiendrez d'elle, croyez-le bien, ni des paroles de repentir, ni l'aveu de son crime, ni le nom de ses complices. Mais alors, moi aussi, je serai inflexible, et je le jure sur Dieu qui m'entend et sur ta vie qui m'est si chère, Théodora, si alors cette femme s'obstine encore dans son exécrable silence, elle ne sortira d'ici que pour marcher au supplice !

Il sort par la gauche, Alvarado par le fond.

SCÈNE III.

THÉODORA, FERNAND.

FERNAND. Vous l'entendez, ma mère, elle est perdue !

THÉODORA. Mais si elle n'est pas coupable ?

FERNAND. Vous seule en doutez encore, ma bonne mère.

THÉODORA. Oui, vous la condamnez tous !.. et toi-même Fernand, tu ne trouves pas une parole pour la défendre... et toi aussi, tu veux qu'elle soit coupable ?

FERNAND. Je veux qu'elle soit coupable, dites-vous? moi qui donnerais ma vie pour la trouver innocente! Oh! à qui me prouverait qu'elle n'est pas coupable, à celui-là le sacrifice de mon bonheur dans ce monde et de mon salut dans l'autre! vous le croyez, vous, ma mère, qu'elle n'est pas coupable?.. mais alors faites donc que je le croie aussi... et alors votre enfant vous devra plus que le jour... il vous devra de pouvoir encore aimer la vie que vous lui avez donnée... il vous devra de pouvoir chérir, comme une épouse adorée, celle qu'il est forcé de maudire et d'exécrer comme une parricide!

THÉODORA. Que dis-tu?

FERNAND. Je dis qu'en assassinant ma mère, cette femme assassinait la mère de son époux!

THÉODORA. Toi, Fernand, toi... son époux?..

FERNAND. Devant Dieu! je l'avais juré, dans toute la sincérité de mon cœur.

THÉODORA. O ciel! que m'apprenez-vous là, mon fils!

FERNAND. La vérité, ma mère... mais la vérité que j'aurais voulu vous dire sans colère et sans indignation... la vérité que je vous aurais avouée à genoux... en vous demandant pour votre fils indulgence et pardon, et puis un peu d'amour pour celle que votre fils aimait tant... pour cette Maïda que j'ai arrachée à ses forêts... que j'ai amenée ici où mon amour lui promettait le nom d'épouse... où sa jalousie lui aura fait trouver le supplice des assassins!

THÉODORA. Sa jalousie, dis-tu?... c'est la jalousie qui l'a armée contre moi?

FERNAND. Contre vous qui voulez que je retourne en Espagne pour y épouser Inésilla, ma compagne d'enfance!... contre vous qui hier m'avez fait jurer...

THÉODORA. Et elle était là!.. Je m'en souviens, la malheureuse était là!.. Je voyais ses larmes... j'entendais ses sanglots étouffés... Oh! Dieu m'est témoin que je lui pardonne!...

FERNAND. Lui pardonner... à elle qui voulait me tendre une main rouge du sang de ma mère... lui pardonner!... Oh! jamais, jamais!..

THÉODORA. Ecoute-moi lui parler, mon fils... On l'amène ici, tu vas la voir...

FERNAND. La voir!... oh! n'exigez pas, ma mère, que je la voie!.. (*Indiquant une porte à gauche.*) J'entre là, ma mère... je serai près de vous... mais pour vous seulement... oh! seulement pour veiller sur vous!..

Il va pour entrer à gauche, la porte du fond s'ouvre.

SCENE IV.

Les Mêmes, MAIDA, un Officier, des Soldats.

FERNAND, *s'arrêtant.* C'est elle!...
MAIDA, *de même.* Fernand!..
Elle pâlit et chancelle.

THÉODORA. Approche, Maïda. (*A l'officier.*) Retirez-vous, Messieurs.

L'officier et les soldats sortent et ferment la porte du fond. Maïda fait un pas et s'arrête. Fernand se trouve près d'elle et lui dit en se retirant :

FERNAND. Malheureuse! malheureuse! qu'avez-vous fait!..

Il entre à gauche.

SCÈNE V.

THÉODORA, MAIDA.

MAIDA, *à part.* O souvenirs de mon père, de mes frères, ne me quittez pas!.. Faites que je sois fidèle à mon serment!

THÉODORA, *avec beaucoup de douceur.* Maïda, je t'ai dit d'approcher... que crains-tu? Je t'offre la main.

MAIDA, *saisissant la main de Théodora qu'elle couvre de baisers et de larmes.* Oh, madame!..

THÉODORA. Tu pleures, pauvre fille!... oh! le crime ne verse pas de larmes; et ils disent que tu as voulu ma mort!

MAIDA. Jamais, jamais!...

THÉODORA. Et pour te punir de ce crime qu'ils te supposent, ils veulent ta mort à toi!.. Mais tu n'as donc pas su te défendre devant leur tribunal? Mais tu n'as donc pas su leur répondre avec cet accent de vérité, avec ces larmes du cœur qu'on ne trouve pas à moins d'être innocent. Parle, ma fille... parle-moi comme tu ferais à ta mère; ce que tu n'as pas osé leur avouer à ces juges, tu vas me le confier à moi... à moi seule, entends-tu?... et cela suffira pour te sauver.

MAIDA, *pleurant.* Madame... madame, je vous en supplie, ne me parlez pas ainsi. Je n'étais pas préparée à tant de douceur. J'espérais des reproches, de la colère... et voilà que je vous trouve suppliante!.. Oh! accablez-moi... maudissez-moi... mais que je ne vous entende pas prier et pleurer, vous, madame, vous, ma bienfaitrice!...

THÉODORA, *avec expression.* Vous oubliez, Maïda, ce qui devait être à vos yeux mon titre le plus sacré... moi, la mère de Fernand!

MAIDA, *étonnée*. Que dites-vous ?

THÉODORA, *gravement*. Ne voyez-vous pas, senora, que je sais tout... que mon fils m'a tout dit ?

MAIDA. Il serait possible !

THÉODORA. Il est donc vrai, Maïda, que votre crime est celui de la jalousie ?

MAIDA. La jalousie !... je ne vous comprends pas.

THÉODORA. N'est-ce pas hier que, pour la première fois, tu m'as entendu parler d'Inésilla.... d'une rivale ?...

MAIDA. Et vous avez cru que Maïda ne pouvait être jalouse sans devenir aussi criminelle !

THÉODORA. Il l'a cru, Fernand... lui qui te voyait dévorer tes larmes... lui qui comptait les sanglots que tu étouffais...

MAIDA. Oh ! mais n'est-ce pas horrible à dire ? n'est-ce pas affreux à penser ?... Mes soupirs sont des crimes, ma douleur m'accuse, mes pleurs me condamnent !.. Oh ! oui, madame, oui, j'ai cruellement souffert à vous entendre projeter ce départ qui tuait toutes mes espérances de bonheur. Ainsi sacrifiée, la pauvre Maïda se trouvait bien à plaindre, bien malheureuse !.. Mais alors même qu'elle n'aurait eu d'autre moyen d'échapper à son malheur que la mort ou un crime, oh ! croyez-le bien, madame, avant de devenir criminelle, Maïda serait morte cent fois.

THÉODORA. Ainsi tu es innocente ! mais prouve-le donc, Maïda... prouve-le pour que j'obtienne ta grâce, pour que j'assure ton bonheur en assurant le bonheur de mon fils... en t'appelant ma fille !

MAIDA. Il serait vrai !.. vous consentiriez ?..

THÉODORA. A tout... si tu n'est pas coupable.

MAIDA. Et Fernand sera mon époux ?

THÉODORA. Il l'a juré ; il tiendra son serment.

MAIDA, *à part*. Un serment !.. moi aussi j'ai fait un serment que je ne violerai pas !..

THÉODORA. Parle, Maïda... je t'en conjure au nom de ceux qui t'aiment et que tu aimes... au nom de ton père !..

MAIDA. De mon père !.. (*A part*.) Si je parle, il est perdu !

THÉODORA. Tu es émue, Maïda... parle, chère enfant... dis-moi tout... dis ce qui doit te sauver... mais hâte-toi... l'heure s'écoule... ne me cache rien !

MAIDA, *avec effort*. Je n'ai rien à vous dire !

THÉODORA. Quoi !..

MAIDA. Le tribunal m'a condamnée ; je n'ai rien à dire pour ma défense.

THÉODORA. Mais on vient, malheureuse... c'est la mort qu'on t'apporte !

MAIDA. C'est la mort que je désire.

THÉODORA, *découragée*. Oh !.. mon Dieu, mon Dieu, pardonnez-lui !..

Elle retombe sur son lit épuisée d'efforts.

SCÈNE VI.

Les Mêmes, ALVARADO, un Officier, Soldats. *

ALVARADO, *paraissant au fond* : De par le vice-roi, si la condamnée n'a fait aucun aveu, ordre est donné de la conduire, sans délai, au fort de Lima.

MAIDA, *vivement*. Je suis prête.

ALVARADO. Son altesse ne change rien aux instructions que j'ai reçues ?

THÉODORA, *avec effort*. Parlez, senora... que dois-je faire ?..

MAIDA, *s'approche, lui baise la main avec effusion et dit* : Oublier Maïda... et la laisser mourir ! partons, monsieur.

Elle se place vivement au milieu des soldats, ils sortent par le fond.

SCÈNE VII.

THÉODORA, FERNAND.

Théodora est accablée par la fatigue et la maladie ; ses yeux se ferment. Fernand entre de la gauche.

FERNAND. Partie... partie pour mourir !.. et pas un mot pour se faire pardonner son crime... pas un aveu !.. eh bien, ma mère, vous l'avez entendue... croyez-vous encore qu'elle n'est pas coupable ?

THÉODORA, *entre la veille et le sommeil*. Coupable... oui.. bien coupable... Maïda, c'est mal... que t'avais-je fait ?.. dis, ma fille... dis ?..

FERNAND, *s'approchant*. Que dites-vous, ma mère ?.. (*Une pause. Il la regarde.*) Elle rêve... pauvre mère, la fatigue l'accable !.. je veillerai près d'elle.. mais non, je voudrais en vain demeurer en place.. une voix secrète m'appelle hors d'ici.. j'entends un nom bruire à mon oreille... Maïda... Maïda... que devient-elle ? peut-être l'arrêt fatal va s'exécuter... ô dieux !.. mon père, mon père seul peut m'apprendre... je veux le voir !.. (*Il s'approche du lit.*) Ma mère repose... et puis j'enverrai près d'elle maîtres Polynandrès... mais je veux voir mon

* Théodora, Maïda, Alvarado.

père!.. (*Il sort vivement mais sans bruit par la gauche.*)

SCÈNE VIII.
THÉODORA, AMAZAMPO.

A peine Fernand est-il sorti, qu'on voit s'ouvrir, au premier plan, à droite, une porte secrète pratiquée dans l'épaisseur d'un piédestal ; Amazampo paraît. Il écoute, s'approche avec précaution du lit de Théodora, la regarde un moment avec attention et dit :

AMAZAMPO. Elle dort ! (*Il tire de sous son manteau un flacon et vient se placer au pied du lit, en disant :*) Je sauverai l'Espagnole, puisqu'il n'est pas d'autre moyen de sauver Maïda. (*Il prend la main de Théodora et dit :*) Femme...

THÉODORA *ouvre les yeux, regarde fixement Amazampo, et dit :* Que me voulez-vous ?

AMAZAMPO, *lui présentant le flacon.* Buvez.

THÉODORA. Boire ?.. oui .. j'ai soif.

AMAZAMPO. Tenez.

THÉODORA, *elle étend machinalement la main, prend le flacon, le porte à ses lèvres... tout d'un coup ses yeux se fixent davantage sur la figure qui est devant elle. Elle s'arrête et dit :* Qui êtes vous ?.. je ne vous connais pas !..

AMAZAMPO, *insistant.* Buvez.

THÉODORA. Mais, je veux savoir qui vous êtes.

AMAZAMPO. Qu'importe qui je suis !.. je vous dis qu'il faut boire.

THÉODORA, *effrayée.* Du poison !.. je vais appeler...

AMAZAMPO, *faisant briller la lame d'un poignard.* Un mot... et vous êtes morte.

THÉODORA. Ah ! vous voulez m'assassiner !..

AMAZAMPO. Femme, si j'étais un assassin, tu serais morte déjà ; mais tes jours me sont sacrés, et je viens te sauver, pour que tu sauves Maïda.

THÉODORA. Mais ce breuvage...

AMAZAMPO. C'est le même que t'offrait Maïda.

THÉODORA. C'est la mort !..

AMAZAMPO. C'est la vie !.. encore une fois, silence... et buvez.

THÉODORA. Non... non... je ne veux pas !..

AMAZAMPO, *levant son poignard.* Obéissez, femme, obéissez !.. ou bien par le serment terrible que je viole en vous sauvant, je le jure, femme, je vais vous tuer !

THÉODORA, *éperdue.* Oh ! grâce !.. grâce !..

AMAZAMPO. Buvez donc !.. et songez que si c'est la mort... la mort vous sera plus douce par ce breuvage que par ce fer !..

THÉODORA. Donnez... donnez... j'obéis !..

Elle saisit la coupe d'une main égarée et la vide d'un trait, et retombe épuisée par tant d'émotions ; en ce moment, Polynandrès paraît à la porte du fond et aperçoit Amazampo près de Théodora, le poignard à la main.

POLYNANDRÈS. Que vois-je ?.. un étranger près de son altesse... hola ! gardes !.. (*Il va à la porte de droite.*) Du secours... du secours !..

Des soldats entrent par la porte du fond et se précipitent sur Amazampo, qui se laisse désarmer sans opposer la moindre résistance. D. Gomès entre par la droite et court à sa femme.*

D. GOMÈS. Qu'y a-t-il, maître ?.. (*Reconnaissant Amazampo.*) Cet homme ici !.. lui... le complice de Maïda !..

POLYNANDRÈS, *qui s'est approché de Théodora.* Voyez monseigneur... les restes du breuvage empoisonné... son altesse est perdue !..

AMAZAMPO. Cette femme est sauvée !..

D. GOMÈS. Dis-tu vrai ?..

AMAZAMPO. Que je meure, si demain, avant la fin du jour, cette femme n'a pas recouvré la santé, d'ici là, liez mes mains, liez mes bras, que je sois prisonnier... mais que d'ici là aussi la vie de Maïda soit sacrée comme celle d'Amazampo, car Maïda voulait ce que seul j'ai pu accomplir, sauver les jours de la vice-reine !..

D. GOMÈS. Il serait possible !.. qu'on appelle mon fils.

POLYNANDRÈS. D. Fernand vient de quitter le palais.

D. GOMÈS, *à un officier.* D. Lopès, vous remplacerez mon fils, vingt cavaliers avec vous, et que cet homme soit conduit au fort de Lima.

AMAZAMPO. Mais Maïda ?..

D. GOMÈS. C'est toi qui retarderas son supplice... je vais te charger d'un ordre pour le capitaine Alvarado. Cet ordre suffira pour qu'il attende jusqu'à demain au coucher du soleil. A cette heure, la grâce de Maïda et la tienne, si tu as dit vrai ; si tu as menti, la mort de tous les deux.

---

* Théodora, Polynandrès, D. Gomès, Amazampo.

Il passe à la table à gauche, s'assied et écrit l'ordre qu'il scelle de son sceau. Amazampo debout près de lui, ne le perd pas de vue. Pendant ce temps-là Théodora paraît se ranimer. Polynandrès interroge avec inquiétude le pouls de la vice-reine. Tous les yeux sont fixés sur le médecin et la malade. La toile tombe.

FIN DU TROISIÈME ACTE.

ACTE IV.

SIXIÈME TABLEAU.

Un cachot au fort de Lima. Un pilier à droite; de la paille au pied du pilier. Un banc, au milieu vers le fond; à gauche, la porte.

SCÈNE I.
MAIDA, LEPORELLO, FERNAND.

Au lever du rideau Maïda dort, couchée sur la paille. La porte s'ouvre; entre Leporello conduisant Fernand.

LEPORELLO. C'est ici.
FERNAND. Je ne vois personne... où est-elle?..
LEPORELLO. Là... au fond... couchée sur la paille. *
FERNAND. Elle dort?
LEPORELLO. Elle en a l'air; mais il ne faut pas s'y fier: il n'y a rien de rusé comme les criminels; je sais cela, en ma qualité de surveillant de la geôle de Lima... depuis deux jours que je suis en fonctions...
FERNAND. Va-t-en.
LEPORELLO. Oui, mon maître... (*Fausse sortie.*) Un quart-d'heure seulement de conversation, n'est-ce pas?.
FERNAND. Dans un quart-d'heure, sois ici...
LEPORELLO. Heureusement le capitaine Alvarado est retourné à la ville; car s'il était au fort...
FERNAND. Assez... va-t-en donc.
LEPORELLO. Oui, mon maître.
Il sort, on entend fermer la porte au dehors.

SCÈNE II.
MAIDA, *endormie*, FERNAND.

FERNAND. Alvarado absent... c'est bien. (*Il s'approche de Maïda.*) Elle peut dormir, et dans quelques heures un supplice affreux... demain à l'heure de midi!.. oh! lorsqu'à

* Maïda, Fernand, Leporello.

peine entré chez mon père, j'ai su de lui que l'ordre était donné d'exécuter l'arrêt, rien n'a pu me retenir!.. j'avais quitté le chevet de ma mère... je suis parti, seul, au milieu de la nuit... et si je suis plus calme en ce moment, c'est que j'ai pu pénétrer dans sa prison... c'est que la malheureuse est là... devant mes yeux!.. Elle s'éveille!..
Maïda ouvre les yeux. Se soulève avec peine, et aperçoit Fernand.

MAIDA. Que vois-je?.. Fernand près de moi!.. suis-je donc morte? sommes-nous réunis au ciel? Fernand... mon Fernand... est-ce toi?.,
Elle court à lui.

FERNAND, *la repoussant doucement.* Ecoutez-moi, Maïda... je n'ai que peu de paroles à vous dire... et ce sont les dernières que vous entendrez sortir de ma bouche... écoutez-moi.
MAIDA, *avec douleur.* Oh! ce visage sévère... ces paroles de glace! Fernand, pourquoi m'avoir suivie jusqu'ici?.. ne pouviez-vous me laisser mourir?
FERNAND. Je suis venu, Maïda, parceque je ne veux pas que vous mouriez... non pas que j'aie encore pour vous aucun sentiment d'amour; entre nous deux vous avez creusé la tombe de ma mère... c'est un abîme qui nous sépare pour l'éternité!
MAIDA. Que me voulez-vous, alors?
FERNAND. Je vous l'ai dit, Maïda... je veux que vous ne mourriez pas... car je vous ai aimée... car je vous aurais tout sacrifié... mon rang, ma fortune, ma vie.... car déjà je vous appelais du nom d'épouse... et celle qui dût être la femme de Fernand de Cabrera del Cinchon, ne doit pas mourir par la main du bourreau.
MAIDA. Tuez-moi donc, Fernand, la mort me sera douce!
FERNAND. Je viens vous sauver.
MAIDA. Que dites-vous?
FERNAND. C'est à midi que l'arrêt doit être exécuté... à deux lieues d'ici... sur les bords du lac Oxicaya, au milieu de vos forêts, sous les yeux de vos frères. On l'a voulu ainsi, afin que le châtiment de Maïda puisse épouvanter ses complices. Au point du jour, la garde du fort sera relevée par des soldats de ma compagnie; l'officier qui les commande m'est dévoué: il vous procurera un déguisement à l'aide duquel vous pourrez sortir d'ici, et échapper au bûcher. Voilà ce que je suis venu vous dire...adieu.
Il s'éloigne.

MAIDA, *le rappelant.* Fernand.
FERNAND. Que me voulez-vous?

MAIDA, *avec calme.* Un mot encore... Je ne fuirai pas.

FERNAND. Mais je vous offre un moyen sûr...

MAIDA. Je ne fuirai pas. Ainsi vous avez cru, D. Fernand, que ce qui m'effrayait, c'était le bûcher avec ses tortures, que si je regrettais quelque chose, c'était la vie?.. mais que serait-ce donc, hélas! que la vie telle que vous me l'avez faite, ô Fernand!.. telle que me l'a faite une destinée fatale... à moi qui ne pouvais vous sacrifier ni rang, ni fortune...à moi qui n'avais à vous offrir que de l'amour, mais qui vous ai donné tout ce que mon cœur en pouvait contenir!..

FERNAND. Osez-vous me parler d'amour quand j'ai vu votre crime?

MAIDA, *avec expression.* Tu l'as vu, Fernand?

FERNAND. Oui, sous mes yeux ta main parricide...

MAIDA. N'achevez pas!.. mais écoutez ce qu'à mon tour je vais vous dire : je n'ai plus de mère, moi... mais le ciel m'a conservé mon père... mon père que j'aime autant que Fernand aime sa mère... eh bien! ce vieillard s'il mourait, et qu'on vint me dire : « celui qui a tué ton père, c'est Fernand! » à celui qui parlerait ainsi je dirais : « Tu mens. » Et si l'on me disait: «Je vous ferai voir la preuve du crime. » Je dirais encore : «Tu mens et tu me trompes. » Et si mes yeux enfin avaient cru voir le crime, eh bien! à mes yeux aussi, oui je dirais, je crois, à mes yeux: « Vous me trompez! »

FERNAND, *etonné.* Ce langage!.. quoi! Maïda, vous persistez à vous dire innocente?..

MAIDA. J'ai parlé de vous, D. Fernand, non pas de moi... mon sort est fixé à moi : Je veux, je dois mourir!

FERNAND. Maïda, tes paroles cachent un mystère que je veux pénétrer!.. tiens... je te laisserai lire dans mon ame... oui, je t'aime toujours!.. oui je désire que tu sois innocente... oui, je peux le croire encore, mais tout est contre toi... mais les apparences te condamnent... Eh bien! prouve-moi qu'elles mentent... prouve-moi que tu n'es pas coupable... dis-le-moi seulement... car enfin tu ne me l'as pas dit, Maïda!.. vois, je suis à tes genoux... je te supplie!.. il en est temps encore, je peux te sauver, nous pouvons être heureux... mais parle, oh! dis-moi tout... dis-moi ton secret!

MAIDA, *très émue.* Fernand... grâce! grâce pour moi, va-t-en!

FERNAND. Non, je ne te quitte pas, tu céderas à mes prières, à mes larmes... tu as pu résister aux menaces de tes juges, aux supplications de ta bienfaitrice... mais tu ne résisteras pas à Fernand... à celui qui t'aime... autant qu'il aime sa mère, son père...

MAIDA, *l'arrêtant.* Fernand... tu viens de nommer ton père? suppose qu'en ce moment tu sois accusé du forfait le plus exécrable... que pour faire tomber cet accusation, tu n'aies qu'un mot à dire... un seul!.. mais que ce mot tu ne puisses le prononcer sans prononcer en même temps l'arrêt de mort de ton père, de tes frères, de tout ce que tu dois respecter et chérir... réponds, ce mot, le diras-tu?..

FERNAND. Que me demandes-tu... grand Dieu!..

MAIDA. Diras-tu ce mot?.. prouveras-tu ton innocence à ce prix?..

FERNAND. Jamais! jamais!

MAIDA. Tu préfèreras donc mourir coupable aux yeux du monde?

FERNAND. Mille fois!

MAIDA. Tu vois bien, alors, qu'il faut que je meure!

FERNAND. Qu'ai-je entendu?.. il serait possible!.. oh! oui... ces accents ne sont pas ceux du mensonge... je te crois, Maïda, je te crois... je ne t'interroge plus... je ne veux plus savoir ton secret, mais je veux, je veux que tu ne meures pas! (*Roulement de tambour au dehors.*) Ce sont eux! déjà! oui, c'est la garde qu'on relève... ce sont tes libérateurs! rappelle-toi, Maïda, tout ce que je t'ai dit... tu peux te fier à eux... viens... viens... tu es sauvée! Ciel! le capitaine!

SCÈNE III.

Les Mêmes, ALVARADO, Gardes.[*]

ALVARADO. Vous, au fort de Lima, seigneur Fernand!.. on ne m'avait pas trompé; qu'êtes-vous venu faire ici?

FERNAND, *fièrement.* Je suis le fils du vice-roi, je ne dois compte de mes démarches qu'à mon père.

ALVARADO. Jeune homme, j'ai le droit de vous interroger, quand je vous trouve auprès d'une prisonnière confiée à ma garde, et dont je réponds, moi, sur ma tête. Je vous demande quel motif vous amène ici?

FERNAND. Je ne répondrai qu'au vice-roi, mon père.

ALVARADO. C'est bien. (*Aux soldats.*) Qu'on emmène la prisonnière!

FERNAND. L'emmener?..où, mon Dieu!

[*] Maïda, Fernand, Alvarado.

ALVARADO. Je pourrais aussi ne vouloir répondre qu'au vice-roi, mon maître; mais il me plaît de vous dire que cette femme va sortir d'ici pour marcher au supplice.

FERNAND. Mais la sentence...

ALVARADO, *montrant un parchemin.* Est signée du vice-roi.

FERNAND. Pour l'heure de midi, seulement.

ALVARADO. Elle va être exécutée à la pointe du jour. Ne pensez-vous pas, seigneur Fernand, que c'est là un excellent moyen de rendre vains tous les projets d'évasion qu'on aurait pu former en faveur de la prisonnière?

FERNAND. Que dites-vous?

ALVARADO. Je dis que je suis informé de tout : je dis qu'un soldat de votre compagnie, un de ceux qui devaient vous seconder m'a tout révélé ; je dis que je suis rentré subitement au fort de Lima, pour vous empêcher vous, seigneur Fernand, de soustraire cette femme à la juste vengeance des lois, voilà ce que je dis! et maintenant, don Fernand, croyez-vous encore que j'aie besoin de vos réponses pour savoir ce que vous êtes venu faire ici? croyez-vous que je puisse me permettre d'avancer de quelques heures le moment de l'exécution?

FERNAND, *avec colère.* Capitaine, vous ne le ferez pas!

ALVARADO. Jeune homme, je vous donne un conseil, c'est de ne pas gêner ici l'accomplissement de ma volonté; j'ai la conviction que je fais en ce moment ce que ma conscience, ce que mon devoir m'ordonne de faire; je vous préviens que nulle puissance au monde, nulle considération humaine ne saurait m'arrêter quand le devoir commande!.. soldats, emmenez cette femme!

Les soldats font un mouvement.

FERNAND, *tire son épée et s'élance devant Maïda. Le premier qui s'avance, je l'étends à mes pieds!*

MAIDA, *le retenant,* Fernand!

ALVARADO. Don Fernand, réfléchissez!

FERNAND. Vous me tuerez, mais vous n'emmènerez pas Maïda!

ALVARADO. D. Fernand, voulez-vous vous retirer?..

FERNAND. Non... tuez-moi!..

MAIDA, *se jetant entre lui et les soldats.* Arrêtez!..

ALVARADO, *faisant signe aux soldats qui ont tous l'épée haute et passant entre Maïda et Fernand.* Bas les armes, soldats!.. * et maintenant, moi don Alvarado d'Almigaras, capitaine-général des troupes formant la garnison de Lima, au nom de son altesse don Gomès de Cabrera del Cinchon, grand d'Espagne, vice-roi du Pérou, je vous déclare, vous, D. Fernand de Cabrera, prévenu du crime de rébellion, et vous somme, au nom du vice-roi votre père, de me remettre votre épée!..

FERNAND, *atterré.* Au nom de mon père?..

ALVARADO. Votre épée?..

FERNAND, *la donnant et s'asseyant abattu sur une pierre.* La voici!..

ALVARADO. A dater de ce moment, cette prison est la vôtre; soldats, partons!.

Tous sortent excepté Fernand.

SCÈNE IV.
FERNAND, *seul.*

Au moment où se fait entendre le bruit des verroux qui se ferment, Fernand relève la tête et ouvre les yeux, comme sortant d'une rêverie profonde.

Fermée! fermée!.. cette prison est la mienne, a-t-il dit, et je les ai laissés partir... et Maïda avec eux!.. Maïda innocente!.. car, je n'en saurais douter, maintenant, Maïda n'a pas commis le crime dont on l'accuse... Il y a là un mystère affreux, impénétrable... un crime peut-être... oh! oui, le crime est réel, puisque ma mère est la victime!.. Mais Maïda est restée pure! complice involontaire sans doute de cet homme... de cet Amazampo... criminelle sans le savoir, c'est par ses mains que le forfait s'est accompli... mais elle a dû tout ignorer... elle ne peut être coupable!.. (*Avec désespoir.*) Et pourtant tout l'accuse, l'accable, la condamne!.. ô cruelle anxiété!.. ô doute horrible et écrasant!.. et me sentir enchaîné, cloué sous ces voûtes inexorables, et savoir que hors de ces murs, dans un moment peut-être, un supplice affreux... le bûcher... ô mon Dieu, mon Dieu!.. écartez de moi ces épouvantables images!.. pitié de moi, mon Dieu, pitié!..ou faites que je meure, ou faites que j'oublie! ô mon Dieu, prenez ma raison, si vous ne prenez pas ma vie!..

Il retombe anéanti sur son banc, la tête dans ses deux mains.

SCÈNE V.
FERNAND, AMAZAMPO, Un Porte-clefs.

LE PORTE-CLEFS. Entrez là provisoirement; je vais chercher monsieur le surveillant en chef.

AMAZAMPO. Cherchez d'abord le capitaine Alvarado. (*Montrant un papier.*) Ce message est pour lui.

LE PORTE-CLEFS. Donnez.

---
* Fernand, Alvarado, Maïda.

AMAZAMPO. C'est à lui que je le donnerai.
LE PORTE-CLEFS. A votre aise.
Il referme la porte bruyamment. Amazampo reste seul avec Fernand.

SCÈNE VI.
AMAZAMPO, FERNAND.

FERNAND, *se levant.* Qui va là?..

AMAZAMPO, *le reconnaissant.* Ici... Fernand!..

FERNAND. Amazampo! ah! le ciel est juste enfin, il nous livre le vrai coupable!

AMAZAMPO. Quel est mon crime?..

FERNAND. Tu le demandes?.. toi l'assassin de ma mère!,.

AMAZAMPO. Ta mère est sauvée.

FERNAND. Sauvée!.. comment?.. par qui?..

AMAZAMPO. Elle devait l'être par Maïda... elle vient de l'être par moi.

FERNAND. Maïda innocente!.. ma mère sauvée!.. mais toi, pourquoi prisonnier?

AMAZAMPO. Ma tête répond de l'innocence de Maïda et du salut de la vice-reine. Maïda avait juré de se taire, elle serait morte plutôt que de parler. Mais moi... moi qui aussi avais juré .. pour la sauver, j'ai trahi mon serment... j'ai trahi mes frères, ma patrie, mes dieux!.. je mourrai maudit des hommes et du ciel... mais que m'importe! j'ai sauvé Maïda!..

FERNAND. L'ordre a donc été donné de suspendre l'exécution?..

AMAZAMPO, *montrant son papier.* Le voici, l'ordre; je l'apporte au capitaine Alvarado.

FERNAND, *avec force.* Malheureux!.. Alvarado l'entraîne à la mort!..

AMAZAMPO, *terrifié.* Quoi!..

FERNAND. Il vient de l'arracher de ces lieux!..

AMAZAMPO. Et tu l'as souffert!.. lâche Espagnol!..

FERNAND. Et que pouvais-je, seul contre tous, seul contre la loi?..

AMAZAMPO. Oh! malédiction sur tes lois barbares!.. sur tes lois impuissantes à défendre l'innocence, et si fortes pour l'écraser!.. malédiction sur toi qui t'es fait leur complice, quand ton devoir était de leur résister, de les fouler aux pieds!..seul contre tous, dis-tu?.. mais tu ne sais donc pas, enfant, que si Amazampo s'était trouvé là, quand tes Espagnols ont osé porter la main sur Maïda, tu ne sais donc pas que lors même qu'il s'en serait présenté une armée entière, Amazampo seul, entends-tu? seul, les aurait dispersés, broyés, écrasés tous, avant qu'on lui eût arraché Maïda!.. Mais toi tu n'as su que prier et pleurer!..
et maintenant encore... maintenant qu'elle va mourir, tu ne sais que verser des larmes... comme si tes larmes devaient éteindre les flammes du bucher, comme si tes larmes devaient la sauver!..

FERNAND. La sauver... oui, je veux la sauver!.. oh! il faut que je sorte d'ici... et je cours!.. donne-moi, donne-moi ce papier!..

AMAZAMPO. Eh quelle confiance veux-tu que j'aie en toi, faible enfant?.. que je te livre cet ordre précieux?.. pour qu'on te l'enlève à toi comme on t'a enlevé Maïda!.. oh! non... moi.. moi seul j'irai le jeter à la face de cet Alvarado!.. mes pieds rapides auront bientôt dévoré l'espace qui me sépare de lui... un sentier, connu de moi seul, va me conduire aux bords du lac Oxicaya... que je sorte d'ici seulement... entends-tu, fais seulement que cette porte s'ouvre devant moi... et je pars.. et je vole... et le bûcher renversé par mes mains... oh! mais ordonne que cette porte soit ouverte!

FERNAND. Ordonner?.. mais, malheureux, je suis prisonnier comme toi!

AMAZAMPO. Prisonnier!.. mort! damnation!.. et ne pouvoir briser ces verroux de fer... ne pouvoir ébranler ces murs!.. ô Maïda! Maïda!.. savoir qu'elle va mourir!.. et j'ai là.. dans mes mains sa grâce!.. ô rage et furie!..

LEPORELLO, *au dehors.* Sentinelles, à vos armes! le seigneur don Fernand va sortir... rendez honneur au fils du vice-roi.

FERNAND. Je suis libre!

AMAZAMPO. Je connais cette voix... quel est cet homme?

FERNAND. Celui qui m'accompagnait...

AMAZAMPO. La première fois que je t'ai vu... un lâche!

FERNAND. Il commande ici.

AMAZAMPO. Ecoute, Espagnol... moi seul je peux arriver à temps pour sauver Maïda,.. ton épée?

FERNAND. Je suis sans armes!..

AMAZAMPO. Eh bien donc sans armes alors! cache-toi et pas un mot!..

Il ramasse près du banc le chapeau et le manteau de Fernand et s'assied ainsi déguisé. Fernand se retire dans l'ombre. Entre Leporello.

SCÈNE VII.
Les Mêmes, LEPORELLO.
Il entre une épée nue à la main et va droit à Amazampo.

LEPORELLO. Mon maître, je suis vraiment mortifié de ce qui vous est arrivé... mais le capitaine m'a chargé de vous rendre, une demi-heure après son départ, votre épée et la liberté. Voici votre épée... vous pouvez sortir.

AMAZAMPO, *se lève et prend l'épée.* Donne.
LEPORELLO, *stupéfait.* C'est vous !.. et mon maître ?..
AMAZAMPO. C'est moi.
LEPORELLO. Vous, mon maître !..
AMAZAMPO, *lui mettant la pointe au corps.* Oui, puisque je suis maître de ta vie.
LEPORELLO. Mais...
AMAZAMPO. Silence ! tes soldats sont sous les armes.. toutes les portes sont ouvertes... on s'attend à voir sortir le fils du vice-roi...le fils du vice-roi, ce sera moi... partons !
LEPORELLO. Quoi ! vous voulez ?..
AMAZAMPO. Jusqu'à ce que j'aie passé la dernière enceinte, tu marcheras près de moi : si tu fais un mouvement pour t'éloigner, si tu pousses un cri, je te plonge cette épée dans le cœur.
LEPORELLO, *tremblant.* (*A part.*) Scélérat de sauvage, va !..
AMAZAMPO. Es-tu prêt ?
LEPORELLO. A vos ordres, monseigneur. (*A part.*) O grand Saint-Dominique, mon patron, inspire-moi le moyen de me débarrasser de lui !
AMAZAMPO, *qui s'est approché de la porte, et a jeté un coup-d'œil au dehors, revient et dit.* Marche.

Tous deux sortent en marchant côte à côte. Après qu'ils sont sortis, on entend à intervalles différents Leporello crier à haute voix : le fils du vice-roi ! et chaque fois la sentinelle présente les armes. Pendant ce temps, Fernand écoute avec anxiété.

FERNAND. O mon Dieu, protégez-le ! (*Après le troisième cri de Leporello.*) Maintenant il est dehors... puisse-t-il arriver à temps ! (*Un peu après on entend une décharge de mousqueterie.*) Les misérables !.. ils l'ont tué !

FIN DU SIXIÈME TABLEAU.

SEPTIÈME TABLEAU.

Une clairière près du lac Oxicaya. Le lac est au fond ; il présente en plusieurs endroits un aspect marécageux ; il est bordé d'arbres produisant le quinquina. Ces arbres sont fort gros ; ils croissent sur les bords du lac, quelques-uns même ont pris racine au milieu des eaux. A droite et à gauche, des rochers et des parties de forêt. A peu près au milieu de la scène, un bûcher. Des montagnes à l'horizon.

SCÈNE VIII.

ZORÈS, SAIBAR, OSSANI, Américains Hommes et Femmes, Peuple et Soldats Espagnols.

Au lever du rideau, une musique lugubre annonce l'approche du cortège ; bientôt on entend dans la coulisse la voix du greffier qui précède la condamnée.

LE GREFFIER. « Le tribunal extraordinaire de haute justice criminelle, autorisé par la très sainte inquisition, et siégeant au nom de S. M. T. C. Philippe IV, roi de Castille, de Léon, d'Aragon, de Sicile, de Grenade, et de tous les pays du nouveau monde, a déclaré la nommée Maïda, de la tribu de Riobamba, convaincue d'avoir attenté par le poison à la vie de son altesse dona Théodora de Cabrera del Cinchon, vice-reine du Pérou, et l'a condamnée à être conduite au bûcher, pieds nus et la tête couverte d'un voile noir, pour être là brûlée vive. »

Les Américains ont écouté dans un morne silence la lecture de l'arrêt ; ils attendent avec terreur et anxiété l'arrivée de la condamnée. Zorès est sur le devant de la scène, sombre et silencieux ; près de lui, Saïbar et Ossani.

OSSANI. *à Zorès.* Tu entends, frère.
ZORÈS. J'entends.
OSSANI. Elle va mourir...
ZORÈS. Sans révéler notre secret.
OSSANI. Mais ne crains-tu pas qu'à l'aspect du bûcher ?...
ZORÈS. Je ne crains rien. Elle tremblera peut-être en apercevant le bourreau, mais plus encore en apercevant Zorès la main sur son poignard.
LES AMÉRICAINS et LES ESPAGNOLS. La voilà ! la voilà !...

SCÈNE IX.

Les Mêmes, ALVARADO, MAIDA, Soldats, Pénitens, Exécuteurs.

Le cortège s'avance lentement sur une musique lugubre. Les pénitens chantent les prières des morts. Maïda est au milieu des gardes, pieds nus, la tête couverte d'un long voile noir. Le greffier marche devant elle, les deux exécuteurs derrière. Arrivé au milieu du théâtre, Alvarado fait un signe, le cortège s'arrête et le greffier lit une dernière fois.

LE GREFFIER. « Cette femme est la nommée Maïda, de la tribu de Riombamba, convaincue d'avoir attenté par le poison à la vie de son Altesse dona Théodora de Cabrera del Cinchon, vice-reine du Pérou, et condamnée par le tribunal de haute justice criminelle à être brûlée vive. »

Lecture faite de l'arrêt, un des exécuteurs lève le voile noir qui couvre la condamnée.

ALVARADO. Femme, vous avez entendu votre arrêt : le bûcher va s'allumer, vous allez mourir ; mais la clémence du tribunal est égale à sa justice ; nommez vos complices, femme, et le tribunal vous fait grâce de la vie. (*Maida se tait.*) Vous ne répondez pas ?.. réfléchissez ; vous avez cinq minutes pour vous décider à faire des

aveux, ou pour vous préparer à mourir.
Maïda promène ses regards autour d'elle et paraît chercher quelqu'un. Zorès s'est approché d'elle.
ZORÈS. Maïda !
MAIDA, *l'apercevant.* Mon frère !
ZORÈS. Rassure-toi, Maïda ; il n'est pas ici celui que tes yeux craignent d'apercevoir.
MAIDA. Mon père ?..
ZORÈS. Épuisé de douleur, affaibli par les maux de la captivité, brisé par l'âge...
MAIDA. Eh bien ?..
ZORÈS. Il est mort !
MAIDA. Mort ! en me maudissant ?..
ZORÈS. Non... le vieillard a su ton crime... il a su que Maïda voulait sauver une Espagnole !.. mais il a connu aussi ta fermeté, ton refus de trahir tes frères... il t'a pardonné... il t'a bénie en mourant...
MAIDA. Mon père m'a bénie ?.. Oh ! moi aussi, je peux mourir !
ALVARADO. Eh bien, femme, qu'avez-vous à dire à la justice ?
MAIDA. Rien, sinon que j'attends le bourreau.

Sur un signe d'Alvarado, les exécuteurs s'emparent de Maïda ; on baisse sur sa tête le voile noir, on la fait monter sur le bûcher, on y met le feu ; déjà les flammes s'élèvent, lorsqu'on voit un homme descendre avec rapidité les rochers de gauche ; il est haletant, couvert de sueur et de poussière, c'est Amazampo. Il aperçoit Maïda, pousse un cri d'effroi, s'élance, renverse plusieurs soldats Espagnols, escalade le bûcher, détache Maïda et l'emporte dans ses bras. Les Espagnols, un moment étourdis de l'audace d'un seul homme, se remettent bientôt et courent sur Amazampo, l'épée haute. Celui-ci est descendu au milieu de la scène ; il fait à Maïda un rempart de son corps ; d'une main il la soutient, de l'autre, il présente à Alvarado un papier.

SCÈNE X.
Les Mêmes, AMAZAMPO. *

AMAZAMPO. Un ordre du vice-roi !
ALVARADO, *après y avoir jeté les yeux.* Que vois-je ! un sursis !..
AMAZAMPO. Et bientôt une grâce !
LES ESPAGNOLS. Non... non... pas de grâce !
AMAZAMPO. Mais c'est l'ordre de votre vice-roi !
LES ESPAGNOLS. A mort, l'empoisonneuse !
Ils font un mouvement vers elle.
AMAZAMPO, *la couvrant de son corps.* Arrière tous ! (*Aux Américains.*) A moi, frères, sauvons Maïda !
LES AMÉRICAINS. Sauvons Maïda !
Les Américains, qui se trouvent tous armés comme par enchantement, se rangent autour d'Amazampo et de Maïda. Les deux partis sont sur le point d'en venir aux mains, lorsque, dans la coulisse, se font entendre les cris de Arrêtez ! Arrêtez !

SCÈNE XI.
Les Mêmes, FERNAND, *puis* D. GOMÈS, *et un peu après*, THÉODORA, Gardes, Esclaves.

FERNAND, *accourant au milieu d'eux.* Arrêtez, Espagnols !.. Maïda est innocente !
LES ESPAGNOLS. Innocente !
FERNAND. Elle voulait sauver ma mère. (*Indiquant la coulisse.*) Regardez, Espagnols, regardez !.. celle que vous avez vue mourante, la voilà rendue à la vie !.. Voyez... elle descend de sa litière...
THÉODORA, *entrant soutenue de D. Gomès.* Maïda... Maïda... où est-elle ?.. dans mes bras, oh ! dans mes bras... Je sais tout !
MAIDA, *à ses genoux.* Ma bienfaitrice !.. qui vous a dit ?..
D. GOMÈS, *montrant Amazampo.* Cet homme a tout dit !
ZORÈS, *à part.* Lui !
D. GOMÈS. Espagnols, inclinez-vous devant cet homme !.. grâce à lui, nous n'avons plus rien à redouter du fléau terrible qui, parmi nous, a fait tant de victimes. L'arbre, si long-temps appelé arbre de mort, est au contraire une source féconde de vie et de santé. Nous l'ignorions tous... Amazampo nous l'a découvert... honneur à Amazampo !
ZORÈS, *à part.* Le lâche a trahi son serment !
CRI GÉNÉRAL. Honneur à Amazampo !
ZORÈS, *s'élançant vers Amazampo et le frappant d'un coup de poignard.* Mort au parjure !
Tout le monde pousse un cri d'horreur. Amazampo chancelle et tombe dans les bras de Fernand.
D. GOMÈS. Saisissez l'assassin !
AMAZAMPO, *d'une voix faible.* Arrêtez, D. Gomès !.. si j'ai des droits à votre reconnaissance, promettez-moi d'accomplir mes derniers vœux...
D. GOMÈS. Sur mon honneur je le jure.
AMAZAMPO. Que Zorès soit libre...
D. GOMÈS. Quoi !
AMAZAMPO. Zorès a fait ce qu'il devait faire : J'ai mérité la mort... car nos lois punissent de mort celui qui trahit... et j'ai trahi nos lois... nos serments... nos Dieux, mais j'ai sauvé Maïda !.. (*A Fernand.*) Espagnol... Amazampo meurt pour la sauver... tu vivras, toi, pour qu'elle soit heureuse !..

Il meurt.

FIN.

* Maïda, Amazampo, Alvarado, Espagnols, Américains.

Impr. de MEVREL, passage du Caire, 54.

www.ingramcontent.com/pod-product-compliance
Lightning Source LLC
Chambersburg PA
CBHW060552050426
42451CB00011B/1878